PAR LE SOUFFLE DIVIN

Morceaux de vie et Enseignement

Par le Souffle divin
ISBN 2.84243.043.3

Éditions A.L.T.E.S.S.

A : Art
L : Littératures
T : Témoignages
E : Éveil
S : Santé
S : Spiritualité

Fondée au printemps 1990,
la Société d'Édition A.L.T.E.S.S.
a été créée dans le but de contribuer à l'éveil
et à l'épanouissement du plein potentiel humain.

A.L.T.E.S.S., 'Espace Harmonie', 4 rue des Petits Hôtels, 75010 PARIS
Tél. 01.64.40.35.89 – Fax 01.64.40.27.57

Laurence Zékri

PAR LE SOUFFLE DIVIN

Morceaux de vie et Enseignement

A. L. T. E. S. S.
Paris

MERCI

Jamais, il y a encore quelques années,
je n'aurais pu imaginer écrire un tel livre.
Merci à toutes les âmes qui ont croisé ma route,
à chaque étape, la rencontre fut juste.
Pourtant, je voudrais exprimer
toute ma tendresse et ma gratitude
à Colette, Nathalie et Eddie,
qui m'ont permis chacun à leur façon
de me rapprocher de la Conscience
qui a inspiré ce livre.
Et aurais-je vécu cette rencontre
sans la Beauté d'âme de ma fille Rébecca,
qui, il y a peu de temps, m'a proposé son aide,
en acceptant de partager de son mieux
l'Amour avec d'autres.
Mais au-delà de tout, je voudrais
remercier la Vie
qui a fait preuve de tant de patience.
Que d'Enseignement !
Que de Beauté !

Sommaire

INTRODUCTION

Derrière chaque mot est la vibration.

Vous qui allez lire ce livre,

ne vous attachez pas

au sens du mot

mais écoutez

sa musique,

son rythme,

ce qu'il élève en vous

et constatez simplement

comment vous vous ressentez

dans cette nouvelle approche.

J'ai été amenée à transmettre
ou plutôt à re-transmettre
lors de stages, de consultations,
dans ce plein qu'offre sa Présence.

Mais à cette période,
seul mon intellect
était conscient de cela.

Et quand il m'a été dit par des médiums
qu'un jour j'écrirai,
je n'ai pas voulu
entendre
cette information.

INTRODUCTION

Il est vrai que la Conscience
coule parfois à travers ce corps
d'une façon si fluide,
qu'Elle en caresse la Pureté.

Et comment pourrait-il en être autrement ?

Avec un même amour,
la Conscience se dévoile, vibrant différemment
selon l'évolution de chacun.

L'écrire me paraissait
lui enlever de sa Force.
Mais seul le mental
pouvait avoir de telles pensées.

PAR LE SOUFFLE DIVIN

J'ai été amenée à m'exprimer par ce livre
et je souhaite que vous receviez
chaque phrase, chaque parole,
en étant conscient
qu'elles sont vêtues
d'Amour.

Ré-apprendre
à lire, à recevoir est
un long chemin qui nous
rapproche du Divin
dont le germe
est en nous.

INTRODUCTION

Un jour, la Grâce Divine
vient habiter le corps.

Il se fait alors si léger
que ceux qui sont à ses côtés,
conscients de cette transformation,
voient l'énergie se modifier
et n'être plus que l'expression vibratoire
de cette Présence.

Et qui alors accepte d'ouvrir son cœur,
est mis en contact
avec la profondeur de son être,
de son âme.

Et chaque larme versée
est un Merci à cette Beauté.

Il suffit de rester vigilant,
et à chaque fois que l'on s'égare,
de retrouver inlassablement la voie du cœur.

Pourtant, avec subtilité
l'ego continue à jouer des tours.
C'est un compagnon
que j'ai appris à respecter car
il m'a beaucoup enseignée.

Je le remercie
de m'avoir fait vivre
les peines et les joies
qui ont fleuri ma route.

Il lui aura fallu beaucoup de courage
pour continuer le chemin
et accepter aujourd'hui
d'être abandonné
pour réaliser ce que Je Suis.

INTRODUCTION

Aurais-je pu vibrer
l'Humilité
si je n'avais pas connu
l'orgueil ?

Aurais-je pu toucher
l'Amour
si je n'avais pas vécu
la possession ?

Aurais-je pu aspirer
à l'Unité
si je n'avais pas ressenti
la souffrance ?

Comme beaucoup d'entre vous,
j'ai la chance d'être très aidée.

Ou plus exactement
– car nous avons tous cette même aide –
je suis, maintenant, plus consciente
de ce qui est mis sur ma route
pour me faire avancer.

J'ai appris à écouter les messages,
à tenir compte des enseignements
qui m'étaient offerts
à travers des rencontres, des événements.

Aujourd'hui,
l'action se fait dans le discernement,
avec la conscience que je ne suis
que le témoin de ce qui se passe.

Je réalise que mon attachement
à ce que je vis,
devient aussi fin qu'un fil
qui ne demande qu'à disparaître.

Mon cœur
s'émerveille chaque jour davantage,
et découvre en "chaque Un"
la Présence du Divin.

Je suis si souvent passée à côté
de cette ouverture, de cette sérénité.

Durant de longues années,
Je me suis attachée aux événements difficiles.

Je les alourdissais,
je les provoquais même
pour mieux me faire plaindre
et m'appuyer ainsi
sur des énergies extérieures.

Comment pouvais-je "Être",
en accusant les autres
d'être responsables
de mes souffrances ?

Et dans le "c'est pas ma faute" de l'enfant
qui revenait de façon si insidieuse,
je ne pouvais que m'alourdir
et subir la vie.

Jamais je n'avais dit
"Merci"
pour ces instants de paix.

Je devais penser alors
qu'ils étaient bien mérités,
qu'ils m'étaient dus.

Je n'avais pas réalisé
que nous créons notre souffrance,
que nous nous identifions à elle,
pour chercher ensuite à la dominer.

Quitter le fleuve de l'ignorance,
où navigue la souffrance,
demandait déjà de franchir le pont de l'Humilité.

Et quand les yeux et le cœur s'éveillent,
la compassion apparaît
et avec elle le discernement.

Quand du pont de l'Humilité
nous regardons le fleuve,
nous acceptons enfin de ne plus vouloir
tout dominer, tout maîtriser.

Puis nous prenons conscience que,
si nous observons ce qui nous arrive
sans nous y attacher,
nous ne pouvons plus juger, décider
de ce qui est bon ou mauvais.

Tout devient tranquille,
la paix et la joie s'installent.

Avant d'en arriver là,
j'ai cru pendant longtemps
qu'il me fallait comprendre
ce qui m'arrivait, ce qui me perturbait.

Car bien sûr, à cette période de ma vie,
c'était encore à moi,
je veux dire à mon ego,
que cela arrivait.

Je pris conscience que
lorsque je rencontrais le silence intérieur,
une paix indéfinissable s'installait.

Et dans cet état, rien n'arrive, excepté la paix.
C'est seulement quand nous quittons cela
que nous sommes de nouveau affectés.

Je réalisais que m'attarder
sur la peur, la colère, la souffrance,
leur donnait plus de place.

Ramana Maharshi,
qui est venu m'éveiller
et dont la Présence me remplit,
disait :
"Le désir est la racine de la colère.
Le désir est maya (illusion).
L'absence de désir est Dieu."

J'ai appris dans ces moments
où l'âme est baignée à la Source,
que ce n'est pas la volonté
qui nous conduit loin du désir,
de ses attentes, de ses souffrances.

Notre aspiration doit être,
avant de s'unir à sa Présence,
de ne regarder que Son miroir.

Et quand l'instant s'échappe encore,
je prends le temps d'écouter,
de m'unir à ce mouvement,
qui vibre dans mon corps.

Il me fait parfois penser à des notes de piano ;
à chaque note jouée, je m'allège
et retrouve le silence intérieur.

N'est-ce pas l'ultime souhait
du méditant, du chercheur,
qui, chaque jour,
tend à retrouver ce silence ?

Car Ananda, la Félicité, émane de cette Union.

Mais n'imaginez pas, vivez ces notes,
et sentez le mouvement qui allège votre corps.

Peut-être que cette légèreté fera naître en vous
un autre sourire, un sourire dans lequel
vous vous ouvrirez sans résistance
et où la distance, la séparation, l'abandon,
ainsi que toute forme de jugement,
n'auront plus de place.

Peut-être que vous pourrez réaliser alors
que vous êtes Enfant de la Vie,
Enfant de Dieu.

Mon corps tremble à la vibration de ce mot
que j'ai si souvent maltraité.
Il était alors si vide,
qu'aujourd'hui,
emplie de sa Présence,
je remercie
qu'il me soit permis de vous l'offrir.

Et n'oubliez pas : l'essentiel n'est pas l'exercice.
Seule votre conscience lui donne sa puissance.
C'est pourquoi le refaire n'est là
que pour vous aider à réaliser ce que vous êtes.

Laissez-vous encore bercer par les phrases,
par l'énergie qui en émane...
Tout comme je laisse les mots m'entraîner,
d'une façon parfois inattendue,
libres de se dévoiler.

C'est dans l'essence de la vibration,
au-delà du sens,
au-delà du comprendre,
que se trouve la Conscience.

J'ai fait l'expérience, l'exercice,
lors d'un stage,
d'exprimer "je t'aime" en vibrant "je te rejette"
et "je te déteste" en vibrant "je t'aime" ;
dans ce double message, au-delà de l'expression,
c'est "bien entendu" la vibration
qui a rempli la conscience.

Le mot est si souvent plein de l'intellect,
de ses protections, qu'il en devient vide,
et ne crée plus la résonance qui éveille.

C'est pourquoi je vous ai demandé
de contacter ce livre autrement.
Si vous pouviez juste vous remplir
de l'Amour qui traverse les mots, à chaque ligne,
vous auriez l'essentiel de ce livre,
et ce bien au-delà de ce qu'il exprime.

Il vous suffirait de vider un peu
ce vase que vous êtes,
de la peur d'être déçu, d'être blessé
et de retrouver cette liberté de l'enfant
qui nous montre comment accueillir
l'instant, puis celui d'après,
sans se soucier du passé ou du devenir.

Pour que la Conscience se manifeste,
l'ego doit déposer à Ses pieds ses lourdes références.

Se "vider la tête"
pour vivre libre de ce qui arrive,
devrait être la quête de tout chercheur spirituel.

C'est cette ouverture, cet abandon,
qui rend nos vibrations plus légères
et permet à l'Énergie Divine, au Soi,
de se dévoiler.

L'unique prière,
avant de se réaliser,
est que l'ego se perde sans retour
dans la Félicité.

LIVRE I

MORCEAUX DE VIE

CHAPITRE I

ÉVEIL

C'est parfois suite à une rencontre que la Conscience de nouveau s'éveille.

Un peu avant trente ans, je fus amenée à avoir une relation amoureuse avec un homme qui était magnétiseur et baignait depuis l'enfance dans la spiritualité.

Ce fut peut-être le début de ma recherche. Jusque-là, je me disais « athée grâce à Dieu »!

Certains diront que je me suis mise en chemin parce que mon enfance a été parsemée de nombreuses souffrances. Je sais seulement que ces moments douloureux, après bien des révoltes, m'ont poussée vers ce que je suis et me remplit aujourd'hui.

Au fil du temps, j'ai aussi appris, par plus de conscience et non d'intellect, que nous pouvons non pas "dé-passer" la souffrance, mais nous en libérer.

Pour cela, je devais déjà réaliser mon attachement à mes peines. Les mots sont lâchés et j'entends déjà les réactions de certains : « Mais comment peut-on être attaché à ce qui nous fait souffrir ? »

Je vois par contre se dessiner un sourire sur le visage de ceux qui d'entre vous ont déjà vécu ce passage.

Pour en revenir à mon cheminement, j'étais loin de pouvoir entendre à cette période, de tels propos. Et en plus de la souffrance, j'avais trouvé une autre compagne : l'inertie. Vous constaterez qu'il est souvent difficile de rencontrer l'une... sans l'autre.

Et jusqu'à ce que les yeux du cœur s'ouvrent, j'ai cherché à fuir les gestes de violence, le manque d'amour, le manque d'écoute, l'indifférence que j'avais si souvent ressentis. J'errais dans ma vie à la recherche de relations amoureuses, croyant combler le vide, la solitude.

Ce manque de tendresse, j'allais le rechercher dans la sexualité, et j'avais en plus des difficultés à partager longtemps une relation. Comme si, avec le temps, l'amour qui m'était offert ne s'exprimait plus assez fort, et ne pouvait plus compenser la faille béante où dormaient mes peines.

J'aimais m'entourer de nombreux amis, essayant de me leurrer sur cette solitude, mais très vite, elle reprenait sa place. Je ne pensais pas qu'elle aurait pu autant m'affecter dans ma chair, et pour ne plus la laisser s'exprimer, je continuais ma course, espérant ainsi panser mes blessures.

À cette époque – et ce malgré une dépression – je n'avais pas réellement le souhait de faire un travail sur moi. Ce qui m'importait le plus, c'était d'étouffer ces peines qui faisaient naître en moi des douleurs physiques.

Fuir, fuir... Rester à la surface des choses pour que la douleur y reste aussi. Tel était le leurre auquel je me raccrochais.

Toutefois, l'étouffement que je ressentais était parfois si douloureux, qu'il me fallait retrouver une respiration. J'ai pendant longtemps été la rechercher dans le sport, puis dans les sorties, les rencontres...

L'amour, ou plus exactement l'idée que j'en avais, m'était devenu aussi vital que la respiration. Et c'est peut-être parce que j'ai souhaité si intensément cet amour, qu'il me fut révélé. Je ne savais pas alors ce qu'il pouvait être et “Qui” se cachait derrière ce mot !

Quant à l'inertie, j'avais encore beaucoup à en apprendre. Elle était pour moi comme un fardeau qui empêchait la Vie de s'installer et m'enfermait dans une apparence de vie, dans des comportements qui me rassuraient mais où la souffrance s'installait davantage.

L'inertie vous laisse toujours dans l'ancien, tant elle a peur du nouveau qui lui laisse moins de place pour s'exprimer.

Alors, je me donnais l'illusion d'avancer en remplissant mes journées d'activités tant physiques qu'intellectuelles et bien sûr de rencontres affectives.

J'avais toujours quelque chose à faire. Mais pour l'essentiel, qui à cette époque était ce mal-être profond qui m'alourdissait, tant il envahissait mon corps, je ne faisais rien.

Quand le mouvement ne naît que de l'extérieur, quand il n'est qu'une fuite, comment peut-il nous libérer ?

Comment peut-il alors nous permettre de recontacter en nous la paix ?

Je reoncontrai à cette époque un homme qui allait être la première âme à m'offrir son aide pour que mon être de nouveau s'éveille à une autre conscience.

Un jour il me proposa de me présenter sa guide spirituelle, ainsi que son mari qui était en chemin. J'ai accepté, avant tout, je dois le reconnaître, par curiosité.

Ce qu'il me reste de cette rencontre, au-delà d'un grand merci – mais je ne pouvais le dire à l'époque –, c'est d'avoir été remplie en leur présence d'Amour et d'écoute réelle. J'étais troublée, il est vrai, par certains propos, qui toutefois résonnaient en moi. Je crois que ma plus grande surprise a été de ne pas être vraiment étonnée par ce que j'entendais.

Je devais reconnaître, au-delà des mots, l'Énergie qui s'en dégageait.

La guide de cet ami m'a dit un jour : « Tu fais partie de la même famille », ce qui, à cette période, m'a laissée interrogative. Aujourd'hui, mon cœur peut écouter cela.

Je sais que pour certains, cette guide était la réincarnation de Sainte Thérèse de Lisieux.

Pour moi, elle a été ma première rencontre avec Dieu.

Et pourtant à cette période, c'est la colère qui s'est exprimée. Je n'étais pas prête à lâcher mon passé de souffrances.

J'avais encore besoin d'être prise en charge, d'attirer le regard de l'autre, son amour, sa reconnaissance.

J'ai donc continué à me fuir en agissant sans réelle conscience.

Peut-être qu'avant de reprendre ma route, j'avais à intégrer ce que voulait dire : « Tu es de la même famille. »

Et comme la Vie nous ramène toujours à ce que nous sommes venus réaliser, je m'en rapprochais par la naissance de ma fille.

Avant d'*être* la Vie, il faut savoir l'écouter, car on y découvre tant de sourires. La naissance de ma fille fut un éclat de rire.

Tout d'abord, elle est née lors de ma trente-troisième année ! Puis son prénom, qui est venu au dernier moment, presque à mon accouchement, et ce après de nombreuses hésitations, est Rébecca. C'est plus tard que j'ai lu dans un livre sur les prénoms, que Rébecca voulait dire : "servante de Dieu".

Il m'aura fallu ces quelques années pour réaliser avec plus de profondeur qu'il me manquait quelque chose d'essentiel. L'apparence n'était plus satisfaisante et je touchais l'ennui.

Que devais-je vivre ? Dans quelle direction pouvais-je me diriger pour aller au-delà de l'ennui, retrouver la Vie ?

CHAPITRE II

AU-DELÀ DU SAVOIR

J'avais "besoin" de mieux "comprendre" les angoisses que je vivais. Je ne "voulais" plus souffrir "autant".

C'est à cette période que j'ai entendu parler de la sophrologie. Cette technique m'a paru intéressante et j'avais soif de n'importe quelle aide ou béquille...

J'ai donc démarré une formation. Les personnes que je croisais lors des stages pratiques étaient dans une démarche un peu similaire à la mienne. Pour beaucoup, il y avait juste un besoin de s'échapper, pour d'autres, de commencer à se rencontrer.

Durant cette année, je dois reconnaître que j'ai appris beaucoup, avec la tête, avec l'intellect, mais j'ai aussi redécouvert l'énergie avec les couleurs, les chakras, et aussi la croyance que nous avions un guide spirituel à nos côtés.

J'avais besoin de ce que je crois être aujourd'hui « un concept créé par le mental », ainsi que le dirait Ramana Maharshi. Nous sommes, guide ou pas, la même Source, la même Lumière, le même Amour.

Pendant cette formation, j'ai aussi commencé à mettre un peu plus de douceur dans ma voix en travaillant les relaxations. Cette voix, qui n'était qu'une énergie de paraître, qu'une expression de défense, devenait une merveilleuse enseignante. Elle a été une amie fidèle qui m'aura mise face au personnage fabriqué par mes peurs et que si souvent je proposais au monde. J'avais l'orgueil d'offrir ma carapace. Aujourd'hui, la route qui m'est ouverte est de m'offrir avec humilité.

Je ne savais pas le chemin que j'allais être amenée à faire. J'avançais encore avec bien peu de conscience.

Quand j'ai expérimenté les relaxations, qui étaient censées faire taire le mental et me détendre, j'ai dans un premier temps pu constater que j'étais plus en train d'observer ce qui se passait que de me relaxer. Mes pensées continuaient à tourner très vite, mais toutefois j'étais beaucoup plus à l'écoute des tensions qu'exprimait mon corps. Je commençais à moins me fuir.

Et pourtant quand j'essayais de ressentir, je ne faisais que *penser* ce que je vivais. Je voyais très peu d'images, très peu de couleurs et je croyais que cette méthode ne m'était pas adaptée.

Jusqu'au jour où quelque chose a bougé...

Bien sûr, ce fut un petit mouvement. J'arrivais à visualiser quelques images. Cela me demandait toutefois un certain effort. À d'autres moments, je ne voyais plus rien, du moins avec les yeux physiques, mais il y avait pourtant quelque chose que je commençais à percevoir.

Je ne savais pas alors que c'est le mental qui crée les images et qui nous fait croire parfois que nous vivons quelque chose d'"extra-ordinaire". Ce qui ne fait encore que satisfaire notre ego, qu'il soit spirituel ou pas !

Cela demande beaucoup de vigilance de ne pas confondre l'ego spirituel et l'expérience du Soi, et je conçois aujourd'hui la Présence d'un Maître pour éviter ces faux-pas. Car réaliser le Soi, c'est connaître la permanence, cela ne peut être une image changeante.

À cette période, je trouvais que je venais de franchir une étape. Ce n'était pas le lâcher-prise, loin s'en faut, mais pour l'être que j'étais, ayant un intellect puissant, des pensées incessantes, c'était déjà une expérience nouvelle. Cette nouveauté allait m'amener à vivre une fusion qui fut pour moi très troublante et dont je reparlerai plus tard.

Un autre point se fit jour en moi. Pour la première fois peut-être, je réalisais que je pouvais diriger le flux de mes pensées et que ce n'étaient plus toujours ces dernières qui étaient maîtres de moi, de mes sentiments, de mes émotions. Je prenais conscience que je pouvais agir sur mes pensées et leur donner une direction.

Vous avez tous connu ces moments où l'imagination se fait débordante à partir d'un événement ou d'une réflexion que l'on vous a faité. Vous commencez à extrapoler et l'imagination vous entraîne dans des pensées trop ou peu valorisantes. Elles vous empêchent alors de vivre l'instant en faisant ressurgir des émotions du passé où vous retrouvez parfois la souffrance du rejet, de la solitude et de l'abandon. Et c'est dans ces moments que l'inertie reprend toute sa place pour encore une fois vous empêcher de recréer un mouvement, de recréer un autre regard. Contrôler le flux des pensées !

Pour certains, j'entends bien que c'est un chemin que vous avez dejà fait. Et pourtant, à cette période, ce fut pour moi un événement très important. C'est en profondeur que je prenais conscience que j'étais maître de mon imagination, de mes pensées qui m'avaient si souvent fait rester dans mes peines.

Le plus difficile restait pourtant à faire : “mettre en acte”. Ne plus se laisser submerger par la pensée. Cela demandait une persévérance qui me faisait souvent défaut. Je pressentais pourtant l’utilité de ce travail. Ne plus laisser la pensée s’installer dans la souffrance. Sans le savoir alors, je m’ouvrais la porte de ce que certains appellent la voie du non-attachement.

Et pourtant, il m’arrivait encore, même quand j’entendais cette petite voix me dire : « Mais arrête de ressasser cette pensée ! », de continuer à rester accrochée à elle ce qui me plongeait dans le mal-être.

C’est plus tard que j’ai compris que l’ego aime être maître de ce qui se passe. Tout contrôler, tout gérer, telle pourrait être la devise de son évolution. Jusqu’au jour où la conscience et non plus le comprendre s’éveille ou, si vous préférez, c’est l’intuition et non plus la réflexion qui guide vos pas. Vous réalisez alors que vous ne souhaitez plus composer avec la souffrance, mais vous en libérer, et vous prenez conscience que vous n’êtes pas cette souffrance et que c’est la pensée qui la fait naître. Vous devenez dans un premier temps le témoin de ce qui vous arrive, vous observez, conscient que vous ne prenez plus possession de la situation et que vous ne pouvez plus vous identifier à l’événement qui passe, tant la sérénité reste présente. L’événement n’a plus d’importance, il n’est plus que le reflet de la sérénité que vous êtes.

Et si vous replongez encore dans des comportements anciens, cela ne vous révolte plus. Vous restez simplement un témoin, alors vous ne créez plus d'empreinte ; les *vasanas* (tendances profondes, latentes, de notre personnalité, constituées par nos pensées, nos désirs, nos actions dans cette vie, mais dues aux expériences d'existences antérieures) peuvent se libérer et se purifier. Cette pureté est nécessaire pour que l'Énergie Divine se manifeste.

Mais revenons à cette expérience troublante dont je vous ai parlé ci-dessus et qui fut plus qu'une autre étape dans ma vie : un passage. J'étais en train de travailler une relaxation avec un ami quand j'ai senti en moi monter ce que je croyais un désir, tout à fait différent de ceux que je connaissais habituellement. J'étais comme transportée. Je lui ai demandé d'arrêter le travail que nous faisions. Il me paraissait important que je me retrouve seule pour que je puisse laisser s'exprimer "cette chose" tout à fait librement. Les pudeurs parfois empêchent d'aller au bout de notre sensation.

Le lendemain, j'eus à peine à relâcher mon corps, mes pensées, pour retrouver immédiatement ce qui m'avait troublée la veille. Je me suis sentie remplie d'une Lumière, mais à aucun moment le mental ne l'a créée. Je crois que ce qui m'arrivait a été plus vite que le mental, et cette Lumière m'a inondée. Je n'étais plus que cela. J'ai eu ensuite la sensation – car pendant cette expérience, il n'y avait pas autre chose que la Lumière –, que le corps physique n'existait plus. Tout n'était que Lumière. C'est comme si j'avais éclaté en particules de Lumière. Je n'avais plus conscience de ce que je croyais être la réalité.

J'étais très troublée par ce moment. Par la suite, mes perceptions ont commencé à s'affiner. Quelque temps après, j'ai été amenée à revivre une même expérience. C'était lors d'un rêve. Je dormais et j'étais comme éveillée, quand j'ai senti de nouveau vibrer en moi cette Beauté, cette Lumière, à laquelle j'étais unie.

Peut-être que certains appelleraient cela la conscience du Tout, l'expérience du Soi. Quant à moi, je ne pouvais pas encore formuler ces propos.

J'étais troublée mais fière d'en parler, fière de quoi ! C'est comme si cette expérience me rendait différente, et c'est cela que je devais lâcher. Se sentir différent, c'est recréer la dualité, c'est s'éloigner du "Un" que nous sommes. C'est peut-être à ce moment que la Conscience m'a été insufflée. Mais il fallait que le germe grandisse, c'est-à-dire que l'ego se taise !

J'ai continué ma course après les formations et les stages. À chaque fois, j'apprenais davantage, à chaque fois j'affinais mes perceptions. Mais que d'orgueil, que de luttes, qui ne sont qu'à la mesure des protections que nous avons cru bon mettre, il me fallait encore dépasser !

Ramana Maharshi, qui est aujourd'hui pour moi une source de joie, disait : « Quels que soient les moyens adoptés, vous devez en fin de compte retourner au Soi. Alors, pourquoi ne pas demeurer en tant que le Soi ici et maintenant ?

Ce qui n'est pas permanent, ne mérite pas de se donner tant de mal. Vous êtes le Soi, vous êtes déjà Cela. »*

Tout chemin pourrait se résumer par la simplicité et la force de ces quelques lignes.

Pourtant, même ceux qui ont été en présence de Ramana Maharshi, qui entendaient la justesse de ces propos, qui ressentaient leur cœur s'ouvrir à Sa vibration, n'ont pu demeurer dans cette Lumière. Elle n'a été que passagère, tant l'attachement, tant le pouvoir du monde de l'illusion est accroché au corps physique auquel nous nous identifions...

Après avoir vécu cette fusion avec la Lumière, mon mental a interprété cette expérience comme étant la Beauté, la Paix. Aujourd'hui, je sais qu'en recommençant à penser, à analyser ce que j'avais ressenti, je mettais de nouveau une distance avec ce vécu.

**Enseignements de Ramana Maharshi*, Éd. Albin Michel.

Plus particulièrement parce que je regardais ce vécu comme quelque chose d'extérieur à moi, d'extra-ordinaire. J'avais beau dire que nous étions tous cette Énergie Divine, que nous étions tous le Soi, il y avait encore ces états – que je vivais un peu comme des parenthèses – et le quotidien. Il aura fallu encore quelques mois à l'ego et peut-être aussi ce séjour en Inde pour que je réalise autrement la Présence de Ramana Maharshi et d'Arunachala. Je commence à accepter ou plus exactement à vivre comme une évidence, bien au-delà de toute pensée intellectuelle, que la Présence et ces moments "extra-ordinaires" ne sont qu'une seule et même chose.

J'avais vécu si souvent cette Unité, mais l'ego avait encore si peur de poursuivre seul sa route qu'il a réussi à mettre entre parenthèses ce qui m'était offert par la Grâce Divine. Je sais aujourd'hui que dans ces moments, je suis cette Grâce. Et même si je m'en éloigne encore, la Conscience est, et rattrape l'ego sans qu'il s'y attende.

Il me faut préciser un point. Ce livre a été terminé il y a environ quatre mois. Mon éditeur ayant pris du retard – et cela devait être ainsi –, m'a demandé de revoir le texte avant sa parution, et d'y apporter quelques corrections si je le ressentais. Je tiens vraiment à le remercier. Ce retard, et aujourd'hui sa demande, remplissent mon être d'une profonde joie. L'évidence d'être Un avec la Grâce s'est dévoilée lors de ce travail de réécriture.

Toutefois, si certains passages du livre vont être légèrement modifiés, l'ensemble restera tel qu'il a été écrit. Je ressens que cela doit être ainsi. N'est-il pas le témoignage d'un passage ?

Mais revenons à la pensée. Quand elle s'installe entre ce que vous vivez et ce que vous avez vécu, elle crée une séparation qui laisse place à la souffrance. Imaginez votre corps élastique, aussi extensible que votre pensée et cette dernière vous entraînant quelques mois, où mieux quelques années en arrière. Réalisez alors la souffrance que le corps ressentirait à cause de cet écartèlement et du retour de l'élastique à aujourd'hui !

C'est un peu ce que je vivais : cette sérénité, cette plénitude dans laquelle il n'y a pas de réelle conscience du corps et ce retour brutal dans ce dernier. Ce décalage était parfois douloureux, et je me demandais comment le réduire. La réponse me fut donnée plus tard.

Tout était pourtant si simple que lorsque je quittais cette conscience, j'étais surprise du pouvoir que je redonnais à la pensée qui a tant besoin de tout définir et qui nous sépare de notre expérience. À l'époque où je vivais ces moments que je croyais extra-ordinaires, je disais encore “mon” mental. Il m’appartenait, il me permettait d’être reconnue.

J’ai donc continué mes recherches ; je faisais tout alors pour éviter la solitude. J’allais devoir ne plus la fuir, l’accepter quand je l’avais associée à “manque d’amour”. C’était ma plus grande souffrance, mon plus grand attachement dont il fallait que je me libère. Je devais entendre dans mes profondeurs que je ne pourrais accueillir l’Amour Divin si mon être restait “attaché” à l’amour humain. Une astrologue que j’avais rencontrée m’annonça que, d’après mon thème, j’allais vivre – et je reprends ces termes – « cet ultime sacrifice ». Cela ne faisait que confirmer ce qu’au fond de moi je savais déjà. Comment se réaliser quand on est attaché ?

Et pourtant, j’essayais toujours de négocier avec l’au-delà ! À cette époque, même intellectuellement, il était encore séparé de moi.

Il est vrai que cela m’était encore difficile de me libérer de certains attachements tant que certains désirs restaient accrochés. J’essayais de ne rien forcer, de ne pas m’imaginer demain avec ou sans relation amoureuse. Je devais apprendre la patience et laisser la vie me répondre. Arrêter de croire que mon ego pouvait décider de tout.

Mais à cette époque, il n'était pas question de cela. J'étais toujours à la recherche de l'âme-sœur et je souhaitais retrouver ces rencontres d'âme à âme où j'avais eu la sensation d'être baignée pendant quelques instants dans un amour immense, dans une lumière qui me remplissait. Je mélangeais un peu tout. Comment la Lumière pouvait-elle venir de l'extérieur !

Mon mental, et encore moins ma conscience, ne pouvaient à ce moment, tant ma quête d'amour était grande, entendre qu'une relation ne pourrait m'offrir "plus" ou "moins" de Lumière, "plus" ou "moins" de Divin !

D'une certaine façon, je me créais un nouveau besoin de l'autre, je passais du désir d'être remplie de tendresse au désir d'être remplie de Lumière. J'avais besoin de merveilleux, refusant encore que la Lumière ne peut être qu'illusoire car éphémère, tant que j'allais la rechercher à l'extérieur. Mais quand le manque, quand la peur du manque est encore trop présente, la conscience ne peut rien entendre. Et le mental, compagnon "fidèle" de l'ego, prend les commandes.

J'étais à cette période dans une confusion, que vous avez peut-être connue, et qui n'arrange pas les choses, je veux dire qui renforce les attachements ! J'étais en train d'associer ces moments de communion, ces rencontres “vibratoirement plus élevées”, avec le plaisir, et j’aspirais à les revivre dans une relation.

Comment déboucher ses oreilles quand le désir nous plonge dans le trouble ! Il n’y a qu’une chose alors que nous pouvons entendre : celle de demander à l’autre de combler notre vide en nous remplissant d’amour, et même plus encore, en nous remplissant d’énergie divine. Je sais, pour l’avoir vécu, l’agréable mensonge qu’est cette recherche du plaisir de l’ego qui se fait croire qu’il va ainsi vers sa réalisation.

De combien “d’autres” aurais-je besoin pour continuer à me donner l’illusion de combler “mon” vide ? Combien d’attentes, combien de souffrances allais-je encore accepter avant de réaliser que je faisais fausse route ? Tout ce qui est éphémère ne peut être la voie, ne peut être le Soi. Cette phrase résonnait si souvent en moi.

Je devais déjà éviter le mensonge de croire que mes désirs, parce qu’ils se voulaient dans « une démarche spirituelle », me permettraient de me libérer. Tant qu’une quête se contente d’aller puiser à l’extérieur, tant que nous avons besoin d’être reconnu, d’être aimé, d’être rempli... il n’est pas possible de découvrir la Source qui est en chacun de nous. La Lumière, l’Amour, Ce qui est permanent ne peut se trouver à l’extérieur, même quand l’ego met ses plus beaux habits.

Faire preuve de discernement face à ses désirs, ce qui n'est pas toujours facile tant ils sont déguisés, demande beaucoup de vigilance, mais aussi de quitter ses références. Le désir d'obtenir, de posséder, que ce soit l'amour, la reconnaissance professionnelle ou toute autre chose, engendre tant d'attentes, tant de peurs, tant de colères et de souffrances.

Je commençais à réaliser que, tant que j'aimais dans cette vulnérabilité, dans cette peur de perdre cet amour extérieur, et ce quelle que soit la force de mon amour, c'était encore l'ego qui aimait.

Mais “quoi faire” ? C'est lors d'un stage que j'animais que j'eus la réponse. Je regardais les personnes présentes quand je me suis sentie émue par la beauté qui émanait d'elles. Et en un *instant*, j'ai basculé. Je suis devenue « l'Amour qui aime », et je ne sais comment le formuler autrement. Je n'aimais plus, c'était l'Amour qui aimait à travers moi. Il ne m'était pas possible d'aimer une personne plus qu'une autre puisque je n'intervenais pas.

Ne croyez surtout pas que cela a été suffisant pour me faire lâcher mes désirs et mes attachements, mais ce fut... si simple.

Malgré mes résistances, la Conscience continuait à se dévoiler, mais l'ego se défendait encore. Je ressens dans l'instant un merci du fond de l'être, pour tous les chercheurs, les sages, les êtres réalisés, car la Présence qui les remplit, le chemin qu'ils ont dû parcourir pour s'unir à Elle de nouveau, nous aide tant, nous, ces nouveaux chercheurs qui ont vu la voie de l'Unité se manifester.

Je sais que mon merci ne serait qu'un mot, si je n'osais pas, dans ce monde où la peur est si puissante, continuer ma recherche, pour enfin me fondre en Lui. Alors, chaque jour, j'apprends à donner moins d'importance à ce que je vis, pour Lui donner plus de place. Et pour qu'au-delà du temps, dans l'instant qui est éternel, je réalise sa Présence.

Avant que ne se manifeste la voie de l'Unité, et en même temps, dans ma rencontre intérieure avec Ramana Maharshi, j'ai été amenée à me positionner. Devais-je continuer à être « en chemin », ou étais-je prête à « vivre le chemin ». Dans le premier cas, l'Homme s'éparpille, cherche encore sa voie en s'appuyant sur des outils extérieurs, lui permettant de mieux contrôler la pensée, la douleur, la souffrance, de mieux les dominer, ce qui valorise encore la personne. Dans le second, l'être sait le seul aboutissement possible, la voie a résonné. Il n'a plus besoin de se disperser, de se fuir. Le doute n'est plus, seule reste encore la difficulté de la constance afin que tout geste, tout regard, tout son – qu'il soit mot ou silence –, honore sa Présence. Si l'Homme contrôle encore sa pensée, ce n'est plus pour la dominer, pour maîtriser sa souffrance, mais pour l'abandonner, en expérimentant l'état de plénitude dans lequel la souffrance ne naît plus.

Mais pour cela, il ne suffit pas d'accepter de tout abandonner, c'est un peu comme "vouloir" lâcher prise. Cela ne passe pas par l'acceptation. Cette dernière n'est qu'une prise de conscience et non un vécu. Il m'arrive pourtant d'utiliser ce mot qui n'est pas tout à fait approprié car le passage du mental à la conscience, du croire à la foi, du deux au un se fait comme une évidence, qui résonne et grandit. L'ego n'a rien à faire, pas même à accepter.

De la même façon, j'ai remarqué que l'être humain – et je suis bien sûr passée par ces confusions –, vivait souvent l'erreur de croire qu'il s'était mis en chemin spirituel, parce qu'il pensait la spiritualité. Mais comment "l'Esprit" peut-il être pensé ?

Je crois que tant qu'il n'y a pas une aspiration profonde à lâcher l'ego, ses attachements à ses désirs, à ses souffrances, pour devenir témoin et non acteur de ce qui arrive, c'est-à-dire pour ne plus s'identifier aux actions et à leurs résultats, l'Homme se ment quand il croit être sur la voie spirituelle alors qu'il ne tend qu'à mieux maîtriser l'ego.

Il n'y a pas de jugement à avoir sur quoi que ce soit. Mais le mensonge n'est-il pas le pire des juges qui enferme un peu plus dans l'illusion ? Que cherche-t-il à cacher ? "Qui" cherche-t-il à cacher? Vous comprenez peut-être mieux pourquoi le chercheur doit faire preuve de courage. Sur sa route, il ne peut avancer qu'en abandonnant, avec une grand sincérité, tout ce qu'il croyait être.

Mais avant "d'abandonner", j'ai cru pendant longtemps qu'il était important de comprendre ses émotions, de les exprimer. Bien sûr, il ne me paraissait pas utile de les vivre par des mots ou des actes violents, comme le proposent certains thérapeutes. Mais je pensais qu'elles pouvaient être libératrices de la souffrance. Je n'en ai pas la même conscience aujourd'hui. Je n'avais pas encore réalisé à quel point l'être humain s'identifie à l'émotion qui se libère.

Voyez comment vous vous sentez après une colère. La fatigue et la culpabilité ne sont-elles pas renforcées ? Vous êtes-vous déjà rapproché de la Lumière quand vous étiez en colère ? N'avez-vous pas constaté que votre énergie était plus dense, moins légère ? La colère est un désir qui n'a pas été comblé. Elle a aussi besoin du temps pour exister, car elle s'appuie sur un passé douloureux ou sur une chose que vous anticipez comme ne pouvant se réaliser. Ne vient-elle pas aussi gonfler votre besoin de reconnaissance, car sans l'autre, pourrait-elle exister ?

La colère est libératrice, nous dit une certaine forme de comprendre. Pourtant, quand vous êtes en colère ou quand vous cherchez à travailler dessus, vous ramenez dans votre présent des événements qui vous ont fait souffrir dans votre passé. Et en réactivant "votre" souffrance, en vous identifiant à elle, vous lui donnez plus de place. Et n'oubliez pas que l'énergie qui émane de votre être reflète ce que vous êtes dans votre présent. Il n'y a qu'à observer au-delà de l'apparence l'énergie d'un être lumineux : elle sera légère et fluide, tandis que celle d'une personne en colère sera pesante et dense. Comment la lumière, mais aussi comment la compassion pourraient-elles alors pénétrer cette densité qui ne leur laisse aucune ouverture ?

J'ai vécu des colères et j'ai ausi voulu les comprendre. Aujourd'hui, je réalise à quel point la colère alourdit et enferme, car elle attache davantage à la souffrance, nous laissant dans "l'auto-écoute", les références et le jugement. Elle est aussi une solide béquille dans le monde de la dualité, car elle fait porter le poids de ses peines à l'autre, cet autre qui peut être la vie. Et ainsi, la colère freine l'être, car il ne peut se libérer de la souffrance, s'il ne retrouve la conscience que c'est lui qui la fait naître par sa pensée.

D'une certaine façon, la colère est mensonge, elle fait croire dans l'apparence à une libération de la peine, quand elle n'est en fait que sa projection. Tant que nous ne devenons pas le témoin de nos émotions, en les exprimant nous en renforçons l'empreinte, devenue déjà si profonde.

Laisser l'émotion sortir libère les *vasanas*, à la seule condition que vous l'observiez sans effort, sans vous y plonger davantage, sans juger si elle est bonne ou mauvaise, donc sans chercher à la comprendre. Tant que vous voulez maîtriser vos émotions, les posséder, vous leur donnez plus de force, plus de place et en vous identifiant à elles, vous renforcez leur empreinte ou, si vous préférez, vous renforcez votre karma, qui n'est que le résultat de vos actions passées. Actions dont le moteur est le désir et l'émotion qui lui est associée.

Se libérer du karma, c'est effacer les empreintes créées par les mémoires émotionnelles des vies passées. C'est retrouver cette pureté où l'action n'a plus d'intention et qui permet à la Conscience Universelle, à Dieu, au Soi, d'agir à travers ce corps qui est venu s'incarner pour que l'être se libère et retrouve son Unité.

Imaginez que ce qui vous déchire – donc, ce qui vous sépare, ou plus exactement vous donne l'illusion de vous séparer, comme la peur, la colère, la jalousie, la culpabilité… – soit comme l'eau d'un fleuve. Plus vous exprimez ces émotions en vous accrochant à elles, et ce même si vous gardez le silence, car dans votre énergie elles sont inscrites, plus les eaux du fleuve se font troubles.

« Tu m'as blessé. » Combien de fois avez-vous pensé ou dit cette phrase ? Mais qui est blessé ? Pouvez-vous un seul instant imaginer que le Divin, le Soi que nous sommes tous, même si l'ego le cache encore, puisse être blessé ?

Comment rendre l'eau du fleuve plus limpide si vous continuez à vous identifiez aux peines, à "vos" peines, à "votre" ego ? Et c'est pourtant dans cette limpidité que se libère la lucidité, la Conscience qui ouvre à la Connaissance. Le savoir et le comprendre ne sont que l'apanage de l'ego. Quand vous commencez à vous diriger vers la berge, vous sortez du fleuve de l'ego et vous ne faites plus qu'observer la souffrance. Vous réalisez que vous n'y êtes plus attaché et que vous êtes aussi libre du désir qui la fait naître.

Mais ce n'est pas pour autant que vous vous êtes "réalisé" ; vous connaîtrez le non-attachement, la sérénité, vous grandirez en lucidité, mais vous saurez qu'il y a encore un passage à faire : celui de ne plus voir le fleuve pour n'être plus qu'un avec le Divin.

Quant à moi, si aujourd'hui tout me paraît plus simple, si évident, j'ai mis du "temps" pour accepter qu'il n'y avait pas de choix, qu'il n'y avait pas à négocier plusieurs routes. Il arrive un moment où s'ouvre à vous, bien au-delà de l'intellect, l'unique voie.

Mais avant d'en arriver là, je devais expérimenter que tout se fait sans effort, et j'avais encore beaucoup de luttes à lâcher. Je ne savais pas alors que ce n'était pas la lutte qu'il fallait dépasser, cette dernière n'étant que le symptôme de la souffrance qui la fait s'exprimer et aussi du désir qui la fait naître. J'étais fatiguée de toujours porter ce bouclier qu'est la lutte et qui, à chaque fois que je le levais, cachait mon cœur afin qu'il ne soit pas réellement approché.

Et cette distance que je mettais réactivait ce sentiment de solitude que je passais mon temps à fuir et aussi à créer. Ainsi, je m'éloignais de l'autre, donc de moi, et aussi de la Vie, pour ne faire d'elle qu'une adversaire qui, pourtant, même rejetée, continue à s'offrir pour que notre évolution puisse se poursuivre.

Plus ma conscience "s'élargissait", plus je découvrais que la lutte s'exprimait de nombreuses façons et qu'il fallait écouter avec beaucoup d'humilité et de sincérité. Il me fallait entendre – ce qui ne fut pas si facile pour quelqu'un qui cachait si souvent ses émotions par le discours de l'intellect – que le comprendre est déjà lutte. C'est peut-être pourquoi il est dit que le Royaume des cieux appartient aux simples d'esprit.

Lorsque le mental cherche à comprendre, c'est qu'il veut maîtriser. Et tant qu'il veut obtenir quelque chose, c'est qu'il y a désir et tout ce que l'être humain est prêt à faire pour le réaliser. Je ressentais qu'il était donc essentiel pour faire taire le mental, qui a besoin de posséder, et qui connaît de par ce fait la peur de perdre – d'où la douleur –, de prendre conscience des désirs, des peurs, des manques qui lui sont liés.

Comment le désir s'exprime ou, si vous préférez, la façon dont nous agissons devenait secondaire et c'était encore s'accrocher à l'apparence que de s'y intéresser. Si à cette période de ma vie, je souhaitais "me panser", croyant me libérer, aujourd'hui je suis consciente du leurre que je vivais.

Mais accepter d'aller au désir et non plus à son expression, demandait d'aller dépasser un point important : le jugement. Et cela n'est possible que lorsque vous commencez à donner moins d'importance à votre ego et à son besoin d'être reconnu, donc aimé par un regard extérieur.

C'est quand vous commencez à réaliser l'impermanence de vos émotions, donc leur côté illusoire, quand vous choisissez de ne plus rester figé dans vos références, que vous vous rapprochez de la vacuité qui est sans désir et vous ouvre à une compréhension sans réflexion, sans effort.

Mais revenons à cette époque de ma vie où j'avançais encore sans trop vouloir être bousculée. Comme vous pouvez le constater, il m'est difficile de rester dans le récit de mes expériences, comme si, déjà, elles ne m'appartenaient plus. Mais pour certains qui me l'ont formulé, savoir que je suis passée par la souffrance, l'attachement et décrire le parcours que j'ai suivi pour m'en libérer, les aide à ressentir qu'ils peuvent faire aussi le chemin.

Je vais donc continuer, sûrement de façon décousue, le récit de ce passé qui, aujourd'hui, se dévoile mais qui n'est pour moi que l'expression de Dieu qui a mis sur ma route ce qui allait me permettre de me rapprocher de Lui, de m'unir à sa Présence, et de la laisser vibrer par ce corps afin qu'Elle soit offerte au monde. N'est-ce pas ce que j'avais demandé ?!

Comme je vous le disais plus haut, je ne tenais pas à être bousculée mais je créais toutefois les situations pour l'être, comme celle de m'inscrire à mon premier stage de groupe animé par un couple qui avait mis en place une formation en thérapie transpersonnelle. Cette expérience, bien au-delà des exercices vécus dans lesquels je plaçais encore trop de résistance, a secoué mon chemin d'une façon inattendue et surtout mon orgueil.

Mais l'orgueil n'est-il pas qu'une expression de nos défenses pour nous préserver, croit-il, de la souffrance ?

Lors de cette semaine de stage, j'ai été principalement attentive et étonnée de la clarté avec laquelle ce couple abordait certains comportements humains. Cela me paraissait évident. Et pourtant, pour bien intégrer ce qu'ils transmettaient, seule la voie du cœur pouvait le permettre, faute de quoi cela devenait un exercice de style du mental.

Et ce fut pour moi et pour beaucoup le gros piège. Nous devenions des thérapeutes en herbe qui prononçaient des mots qui étaient très peu habités par la conscience, par l'amour et encore moins par la compassion, tant l'écoute de l'autre était imprégnée de nos projections, donc de nos souffrances. Le besoin de prouver, qui est une continuité du besoin d'être reconnu, était encore trop présent et l'écoute pas assez proche du cœur.

Je sais que ce couple, s'il lit ces pages, se reconnaîtra. Ils m'ont tous les deux éveillée à plus de compréhension des comportements humains, mais aussi à plus de discernement. Je les remercie car si parfois les mots ont pu blesser l'ego (qui peut l'être à part lui !), la compassion qui se cachait derrière a rempli mon être.

Tout enseignement tire sa force de sa simplicité, ce qui était ici le cas. Ils utilisaient souvent les deux plateaux de la balance pour expliquer le monde de la dualité. J'espère qu'ils accepteront ce court résumé.

Prenons pour exemple la peur de la solitude ou plus précisément la peur du vide. Ce malaise que vous procure cette peur vous renvoie à l'autre plateau de la balance qui est l'attachement au fait d'être rempli. C'est en allant au non-attachement de ce plateau-là, que vous pourrez vivre la vacuité et non en restant sur le plateau de ce qui vous dérange, le vide dans cet exemple. C'est en comprenant les avantages, les bénéfices que vous retirez quand vous cherchez à vous remplir, que pourra se libèrer l'attachement. C'est bien sûr d'une façon très incomplète que je vous délivre une partie de leur enseignement qui, peut-être, s'est modifié depuis.

Ce fut une étape de ma vie qui m'amena à plus de conscience, plus de lucidité. Toutefois, les réponses passaient encore par la réflexion, donc par le comprendre, ce qui satisfaisait encore l'ego.

Un jour, il y eut comme un autre canal qui me fut offert. D'une certaine façon, je pourrais dire que je n'arrivais plus à comprendre, c'était autre chose en moi qui s'exprimait. Les mots coulaient sans réflexion. Dans l'apparence, ils se ressemblaient mais ils n'étaient plus vides, la Conscience les remplissait.

Je n'avais qu'à être en présence d'une personne, ou même le simple fait que l'on me parle d'elle me mettait en contact avec ce qu'elle était aujourd'hui. Je n'avais rien à faire, cela se faisait. J'étais tout à la fois étonnée et cela me paraissait en même temps évident. Ce ne fut pas toujours facile, car bien sûr je “voyais” derrière les mots, derrière l’apparence, le mensonge que l’on me proposait d’écouter.

Que devais-je faire ? Me taire ou dire ? Les choses se sont mises en place toutes seules. Je ne disais qu’aux personnes qui souhaitaient – ou pour certaines qui croyaient souhaiter – aller vers plus de conscience. Je crois tout simplement que je ne contrôlais pas. Je disais. Ce qui a parfois blessé l’ego de certains qui pensaient faire preuve d’humilité.

Parfois, je ressentais en moi une lourdeur. L’ego croit parfois avec une telle force en ses mensonges, qu’il fait naître des luttes épuisantes. J’acceptais avec une telle sincérité d’être ce que je suis, consciente que l’ego spirituel me jouait encore des tours, que toute cette lutte pour paraître qui se manifestait chez certains commençait à m’user.

Nombreux sont les êtres qui souhaitent aller à plus de conscience sans pour autant modifier en profondeur leur comportement. Et quand la souffrance refait surface, ils sont surpris qu’elle revienne avec tant de violence. Toutefois, c’est souvent elle qui les met face à leur mensonge.

Ce n'était pas à moi de changer cela, et encore une fois, la vie m'ouvrit ses bras et me protégea de l'ego spirituel. Je fus éloignée de certaines personnes et conduites vers d'autres. Je commençais aussi à me rapprocher de ce silence intérieur qui est une source de paix.

Certains maîtres disent que la réalisation de l'Être ne peut passer que par la destruction de l'ego, du mental. Commencer déjà à lui donner moins d'importance, ne plus le défendre par le mensonge serait un bon début.

Mais revenons de nouveau à notre exemple sur la peur du vide. De quoi la personne a-t-elle besoin d'être remplie ? Dans un premier temps, tant que l'ego voudra tout dominer, ce sera d'affection, de sexualité, de nourriture, de drogue, d'activités, de biens matériels, de savoir, de reconnaissance... Puis un jour, après bien des mensonges, fatigué, usé par la souffrance et devant l'insatisfaction de ce plein qu'il ne peut remplir par la possession, par le “mon” ou le “ma”, l'être continuera sa route et souhaitera réellement déposer son ego aux pieds du Divin.

Lors de ce stage avec ce couple, nous avons travaillé sur notre principal attachement. Vous ne serez pas surpris si je vous dis que celui qui est ressorti, suite à un travail en ouverture de conscience, était l'amour. Ce besoin que je cherchais à assouvir était parfois plus douloureux que la souffrance, car ma vie ne devenait qu'attente de la réalisation de ce désir. Et comment ne pas sourire ? Quand je croyais l'avoir comblé, je rencontrais encore la déception. Il manquait encore quelque chose ! L'autre n'était pas cet être parfait que j'aspirais à rencontrer. Mais la perfection peut-elle se vivre dans ce monde où l'apparence ne fait que la cacher et où les yeux physiques ne peuvent voir sa Splendeur derrière tout ce qui est ?

Ma tête savait que ce qui m'attachait dans une relation amoureuse, c'était qu'elle répondait à mon besoin de douceur, de tendresse, de force, de reconnaissance et bien entendu venait remplir mon vide. Mais il m'aura fallu plus de temps pour réaliser qu'en demandant à l'autre de combler mes manques, je m'installais dans un confort apparent qui, tant que tout allait bien, endormait ma recherche.

Je ne pouvais encore m'imaginer ne plus vivre une relation amoureuse. Ma quête d'amour était le moteur principal de ma vie. Je n'avais pas réalisé qu'aimer ne signifiait pas être rempli par l'autre mais *être* tout simplement. Alors, comment vivre sans demande, sans attente, quand je n'avais appris que cela ? Comment aimer sans s'enfermer dans l'attachement, sans raviver le désir qui crée tant de dépendance ?

Je continuais donc à chercher. Après avoir fait cette courte formation en thérapie transpersonnelle, je commençais à étudier la kinésiologie. C'est une technique intéressante, qui utilise le test musculaire pour revenir entre autres à l'âge de la cause du symptôme. La kinésiologie peut aider toute personne qui souhaite explorer ce domaine. Quant à moi, j'ai joué les "apprentis-sorciers" ; j'étonnais les gens en leur donnant la date à laquelle avait pris naissance leur problématique, mais qui dit "date" dit "temps" et qui dit "problématique" dit "ego", et c'est pourquoi je sentais toujours cette insatisfaction. Je continuais à ne parler que de la personne et donc de ses attachements, et j'avais cette sensation du travail non fini, tout juste commencé. Malgré la satisfaction de certains patients, je ne pus continuer bien longtemps, d'autant plus que dès qu'une personne se trouvait devant moi, l'essentiel de ses difficultés me venait sans effort, sans technique.

Je commençais à "lire" en la personne, non pas comme un médium qui voit plutôt les événements, mais je lisais plutôt l'âme humaine. Certains thérapeutes qui ont travaillé sur moi ont parfois formulé que je lisais dans les « cocons », et d'autres, que je lisais dans les différents corps. Aujourd'hui, je dirais plus simplement que j'avais touché le discernement qui a pour maître la Conscience et non l'intellect.

Bien sûr, cette perception est venue progressivement et s'est affinée sans que je ne fasse rien. Je devais vraiment l'entendre : c'est quand je ne fais rien que “tout” se met en place.

J'ai cru alors qu'il me fallait continuer mon parcours en travaillant sur l'énergie. J'avais constaté qu'en testant le muscle d'une personne pour que son corps donne une réponse, je commençais à l'effleurer et non plus à faire un test appuyé. Les patients ressentaient tout autant, voire plus.

J'ai donc commencé à m'intéresser à la polarité. Je souhaitais juste me rapprocher du ressenti et moins développer l'esprit d'analyse.

Je ne pense pas vous surprendre et, bien sûr, je résume pour ne pas rentrer dans différents exemples d'expériences, si je vous dis que le mental s'est mis à analyser les ressentis. Ainsi, de nouveau, c'était lui qui tenait les rênes et nous sortions encore une fois du vécu.

Quand nous analysons, nous sommes ou dans le passé ou dans l'anticipation, mais nous ne sommes plus dans ce que l'on vit. Et cette fuite du vécu de l'instant, au lieu de nous libérer du temps, lui donne plus d'importance. C'est pourtant cette conscience du temps qui crée la souffrance. Alors, pourquoi l'Homme invente-t-il des techniques qui donnent autant d'importance au temps ? La réponse, après avoir lu ces quelques pages, doit vous être évidente.

Travailler sur les souffrances du passé, voire même sur les vies antérieures – et j'ai aussi pris ces différentes voies – ne nous amène-t-il pas à donner encore plus de place à la souffrance ? Cela permet-il vraiment de s'en libérer ou de mieux la comprendre, de mieux la maîtriser ? C'est peut-être parce que je trouvais que mon âme avait trop souffert que je tendais non pas à contrôler la souffrance, non pas à lui trouver un soulagement temporaire, mais à m'en libérer.

Je repris ma quête qui m'amena à étudier une nouvelle technique, "l'ortho-bionomy". Je n'étais pas encore consciente de ce que je recherchais vraiment.

Connaître l'unité, mais avec l'autre (!), devenait une aspiration plus consciente. J'envisageais la relation amoureuse autrement. D'une certaine façon, je quittais le "remplir un vide" pour "trouver un plein". Mais n'était-ce pas la même chose, ma demande vers l'extérieur n'était-elle pas aussi importante ? Sûrement, mais ce fut une période de ma vie où la souffrance prit moins de place.

J'espérais alors retrouver l'unité à l'aide d'exercices énergétiques. Les sensations que je ressentais étaient si agréables qu'il devenait facile de mélanger travail sur l'énergie et plaisir, sensualité, ce qui faisait naître un nouvel attachement. Et pourtant, ma sensualité m'a aidée à affiner mes perceptions énergétiques, elle était un peu comme un moteur qui me poussait à lâcher la pensée pour aller à la sensation.

Le travail sur l'énergie m'a permis de connaître des instants délicieux. J'ai vécu des moments où mon corps était le réceptacle de la nature. Plus exactement, la conscience que j'avais de mon corps était la nature. Je n'étais plus une peau, des os, des muscles... mais la nature. Quand je revenais à la conscience de mon corps, j'étais comme une enfant émerveillée qui souhaitait retrouver ce moment.

Parfois, ma conscience s'installait dans le corps d'un oiseau, d'un arbre... et je le devenais puisque ma conscience n'était plus dans mon corps ! Tout ce qui m'arrivait était un peu rapide et si un chaman peut trouver cela naturel, je n'étais pas préparée à vivre de telles expériences. À l'époque, je n'avais rien lu qui aurait pu m'aider. Les personnes qui étaient à mes côtés trouvaient cela merveilleux. Quant à moi, si j'étais transportée, je me demandais aussi jusqu'où ces expériences m'amèneraient.

Je les vivais un peu comme un jeu. Je n'avais bien sûr pas réalisé – et il me fallut du temps pour cela –, que je reprenais « contact avec la Conscience, avec l'Unité ». À cette période, je vécus un moment très troublant. J'étais au bord de la plage quand je suis devenue non pas la conscience du sable, du rocher, mais une seule et même énergie. Pendant quelques instants, je ne sais pas combien de temps, je n'étais plus qu'une énergie sans conscience du monde extérieur, sans pensée. Il n'y avait pas l'oiseau et la mer vers laquelle il se dirigeait. Il n'y avait pas le sable, le rocher et moi. Je ne voyais plus rien, il n'y avait plus la conscience de..., il y avait juste cet "état".

J'étais heureuse – et bien plus que cela – de vivre ces expériences, mais je refusais encore qu'elles pénètrent ma conscience ; elles restaient donc en surface. Je crois que j'avais encore peur que ces ressentis m'isolent. Mais de quoi ?

C'est dans les moments où j'étais juste présente, sans pensée qui m'éloigne de l'instant, que je basculais dans la vacuité. Lorsque je cherchais à retrouver cette conscience par des exercices, je devais alors mettre une attente, car j'arrivais à créer des sensations, des images lumineuses de l'ordre du merveilleux, mais ce n'était pas la vacuité. Peut-être qu'ainsi la Conscience m'ouvrait la voie : c'est quand on ne fait rien, c'est quand on est juste là dans l'instant, que se vit l'unité. Mais je voulais encore trop faire.

Réaliser cela m'a permis par la suite de mieux comprendre les leurres du mental quand il contrôle les images, et nous fait croire que nous avons vécu une "ouverture de conscience", un moment "extra-ordinaire".

Si la conscience ne se modifie pas, profondément, suite à de telles expériences, c'est que vous n'avez fait que vous promener agréablement dans l'image, et le mental vous a laissé à la surface de la Conscience. Alors, surtout ne vous mentez pas, car vous ne feriez que freiner votre rencontre avec le discernement.

Il en est de même pour la plupart des gens qui oublient de ressentir ce qui se passe en eux quand ils écoutent parler une personne. C'est parfois le mot qu'ils vont pouvoir analyser, référencer, juger, qui va prendre plus de place que ce qui a résonné au fond d'eux-mêmes. Et au lieu de plonger leur regard dans le miroir de ce qui s'est éveillé, leur intellect va leur faire oublier ce qu'ils ont vibré ou les faire douter. Ils accorderont une nouvelle fois plus de confiance en leur mental qu'en leur ressenti, et l'ego en sortira renforcé. C'est, d'une certaine façon, mettre un frein à l'ouverture qui est offerte.

Quand l'Homme accueillera ce qui l'ouvre à un autre regard, à une autre conscience, comme plus essentiel que tous les « mots dits », il commencera à alléger le poids de sa souffrance en se libérant de l'apparence.

De nombreux êtres, qui se sont trouvés en la Présence de Maîtres, témoignent de cette Lumière qui émane d'eux et qui les ouvre à une autre conscience. Toutefois, si le "rôle" d'un Maître est d'être le miroir de la Grâce, il est aussi sans pitié pour l'ego. Ce qui a fait dire à certains qu'il n'est pas toujours facile d'avoir un maître, cela demande beaucoup d'humilité, et un réel souhait d'aller vers ce que nous sommes en faisant taire l'ego.

Mais revenons à l'ortho-bionomy. J'espérais qu'avec cette technique tant à l'écoute des mouvements physiques qu'énergétiques, je trouverais la réponse intérieure que je cherchais. Lors des différents stages auxquels j'ai participé, j'ai eu la chance de rencontrer des personnes qui avaient une perception, une écoute de l'énergie que je ne connaissais pas encore, ce qui m'a permis d'approfondir ma propre écoute énergétique.

J'ai travaillé avec des médiums qui communiquaient avec des archanges, ainsi qu'avec des sourciers. L'un d'entre eux me conduisit près d'un arbre, avec lequel j'ai vécu une expérience qui a été tout à fait surprenante. J'étais debout devant cet arbre majestueux. Je n'avais pas encore ressenti cette union avec dame nature. Mes mains étaient posées sur son tronc, je le respirais. Nous étions quatre autour de lui. Depuis près d'une semaine, nous pratiquions des exercices énergétiques et notre regard lisait plus rapidement au-delà de l'apparence. Quand je me suis éloignée de l'arbre, il s'est passé une chose visible pour tous, mes mains n'étaient plus les mêmes. C'était troublant, elles n'avaient plus tout à fait la même forme, ou peut-être l'énergie qui en émanait les transformait-elle. Ce qui était clair, c'est que les deux mains ne portaient pas la même énergie. L'une vibrait une énergie plus féminine, il y avait comme de la douceur qui en ressortait, tandis que l'autre était moins fine, mais il s'en dégageait une force, une solidité. Chose curieuse, c'était la main gauche, ce qui paraissait ne pas être conforme au cours sur la symbolique du corps humain que j'avais étudié. Il fallait bien que le mental s'étonne ! Cette perception a duré plusieurs jours, puis cela s'est estompé. Que devais-je en apprendre ?

Nous voulons trop souvent comprendre ce que nous vivons ; eh bien, pour une fois je me souviens que je n'ai pas cherché à analyser, j'étais plutôt émerveillée. C'était beau à voir, non avec les yeux physiques, mais avec autre chose en moi qui pouvait voir cette beauté-là. Toutes ces expériences qui m'étaient offertes me permettaient de voir au-delà des yeux physiques, donc au-delà de l'apparence qui était encore si réelle!

J'ai aimé ces moments silencieux de partage énergétique, il y avait de la douceur et plus de respect qu'avec le langage des mots. Et pourtant, j'ai eu encore besoin de ce dernier pour retransmettre ce que ces expériences m'avaient enseigné. Mais le mot n'était plus vide, il vibrait. Ce n'était pas une question de tonalité ou même d'émotion, c'est un peu comme si la Conscience l'habitait.

Je “voyais” que, selon où je plaçais en moi ma vibration – et je me suis souvent aidée de la voix pour que cela puisse être ressenti –, un mouvement se créait. Je le constatais, et de nombreuses personnes lors de stages, qui avaient bien sûr affiné leur perception, le ressentaient.

C’est alors que je fus amenée à prendre conscience des différents corps. Je remarquais que l’évolution de la plupart des personnes se situait entre le corps émotionnel et mental, et que plus elles se rapprochaient, énergétiquement et non intellectuellement, du corps mental, plus l’intuition, la conscience s’éveillait. Quand je ressentais que je pouvais accompagner une personne dans ce passage vers son corps mental, avec son accord nous vivions cette expérience. Et à chaque fois une ouverture se faisait, la vibration était plus légère, plus lumineuse et la personne avait la sensation de vivre un espace de paix.

J’ai connu ausi la Joie de contacter le corps bouddhique. Lors d’un stage, j’ai eu l’intuition de proposer à une personne que nous nous promenions de corps en corps. Nous avons commencé par écouter la vibration de notre corps physique, puis éthérique, et plus nous avancions, plus nos énergies s’unissaient. C’est en se rapprochant du corps mental que nous avons basculé dans une perception différente ; nous vivions un élargissement et une sensation de légèreté. Nous étions, je crois, sorties du mental pour aller dans la conscience, ce qui allège toujours l'énergie. Puis nous avons poursuivi jusqu'au corps bouddhique et ce fut là... une explosion. Les personnes présentes ont trouvé nos visages transformés et nous l'étions. Il fallait reconnaître, accepter ce qui s'était passé et non pas une nouvelle fois s'échapper. Il était encore trop tôt pour moi d'intégrer cette expérience pour qu'elle fasse partie de mon présent.

C'est parfois les autres, quand ils sont à l'écoute de leur ressenti, qui nous font prendre conscience de certains changements, surtout quand nous ne voulons pas les entendre. J'avais demandé d'avancer – et je devais être sincère pour que la vie se mette à me bousculer autant, et pour qu'enfin ma conscience s'éveille. Le mental commençait à ne plus savoir où donner de la tête ! J'étais sur le pont, mais je n'osais pas encore le franchir. Je réalisais que je ne pouvais pas revenir en arrière mais j'étais encore attachée à certaines références, et cela me freinait. Je commençais pourtant à entendre que le passage ne pourrait se faire qu'en abandonnant ces dernières. Elles me faisaient tourner en rond dans un système, n'innovant que dans l'apparence tant j'y restais attachée.

Peu d'êtres osent sortir des sentiers battus et attendent que d'autres aient le courage de leur ouvrir les portes qu'ils hésitent à pousser. Et c'est souvent ces mêmes personnes qui, par peur, ne bougent pas, qui tendent aussi à freiner celles qui osent avancer. Si le chercheur n'est pas repris par la peur qui est utilisée pour le ramener sur le "droit chemin", alors certains pourront bénéficier de ses recherches.

J'étais plus consciente du courage que cela demandait pour continuer. Il était à la mesure des attachements que je devais encore lâcher. Et les épreuves qui étaient mises sur ma route me libéraient davantage.

Une épreuve peut paraître difficile à vivre, mais quand vous lui enlevez de son importance, elle s'allège. Et il arrive un moment où elle ne laisse plus d'empreinte, donc plus de temps, plus de souffrance. L'événement n'est plus douloureux ou joyeux, ce n'est plus lui qui décide de votre "état d'âme", ce n'est plus lui qui est regardé, mais c'est ce que vous êtes qui regarde. Il me fallut encore quelque temps avant d'en arriver là.

Mes perceptions s'étaient affinées et avec elles le discernement ; et pourtant, je savais que je n'avais pas encore ouvert la bonne porte. Je trouvais que j'étais encore trop dispersée et c'est là que la vie a conduit mes pas non vers une technique, mais vers un homme, qui a permis à ma conscience de s'éveiller davantage et ce d'une façon inattendue.

Nous étions très différents. Je souhaitais m'éloigner du pouvoir que croit avoir l'ego, quand cet ami avait le courage de reconnaître qu'il était un homme de pouvoir. Mais ce qui émanait de lui, bien au-delà des mots, ouvrait toutefois à plus de conscience. Je n'avais pas alors réalisé à quel point les pensées nous possèdent, nous enferment. Et n'est-ce pas à elles que nous donnons le plus de pouvoir ?

J'ai appris à aimer chez cet homme ce qui au début me dérangeait, me refermait sur moi-même. Je pouvais écouter sans me replier, tout ce que mes références m'auraient empêchée d'accepter quelque temps auparavant. Il faut dire que je commençais à entendre plus souvent l'énergie que les mots, et il émanait de cet homme une douceur que je n'avais jamais rencontré jusque-là. Non pas cette douceur apparente que certains savent utiliser dans leur voix, dans leur geste, et qui cache tant de colère, tant de mal-être, mais cette douceur qui touche la pureté et plonge le regard dans le cœur. Son apparence restait dans l'attachement et il tenait encore beaucoup à ses désirs. Mais sa douceur et parfois ses silences étaient si pleins, qu'à ses côtés ma conscience s'éveilla davantage.

Nous retrouvons dans cette vie le niveau de conscience, ou plutôt la Conscience qui s'est dévoilée dans nos vies antérieures. Certains l'acceptent et d'autres freinent encore pour retrouver ce qu'ils vibrent déjà. Ce que nous sommes est pourtant là, mais quand nous ne voulons pas le voir... La démarche de cet homme était sincère. Il souhaitait découvrir une technique qui libèrerait l'homme de la souffrance et comme tout chercheur, il faisait preuve de courage.

Ce fut pour moi une tentation que de prendre cette voie. Je commençais à m'intéresser à la numérologie, au tarot, aux lettres hébraïques, à l'énergie du sceau de Salomon et à bien d'autres choses encore. Cet ami éveillait ma curiosité tant il avait appris. J'avais la sensation que je connaissais déjà ce qu'il me montrait parfois. J'étais impressionnée par tant de savoir, tant de techniques. Il pouvait déjà traiter tant de maux. Pourtant, il reconnaissait avec beaucoup d'honnêteté que s'il courait encore après de nouveaux outils, c'est qu'il ne pouvait pas toujours aider la personne en souffrance.

Comment ne pas se demander alors quelle somme de savoir il fallait accumuler pour trouver la réponse à la souffrance ? Une ou plusieurs techniques pouvaient-elles vraiment, non pas soulager cette souffrance – car nous resterions dans l'éphémère –, mais permettre à l'être de s'en libérer ? Et si tel était le cas, pourquoi l'Homme souffrait-il encore ?

C'était beaucoup trop de questions et qui plus est, j'avais constaté que lorqu'une personne faisait appel à une technique pour soulager son mal-être, il arrivait que dans l'apparence elle ne ressente plus sa souffrance, mais celle-ci se lisait encore dans son énergie. Et comment pourrait-il en être autrement, tant que l'essence de la souffrance qu'est la pensée, n'était pas traitée ?

Il manquait donc quelque chose d'essentiel. Que la technique utilisée fasse appel au mental ou à l'énergie, l'information de ne plus souffrir n'était entendue que sur un certain plan et pouvait donc revenir à tout moment. Sans la Conscience pour se libérer de la souffrance, il ne peut y avoir que soulagement temporaire. Combien de fois n'avez-vous pas entendu ou dit cette phrase : « Je ne "pensais" plus avoir à souffrir autant » ?

J'avais travaillé avec des techniques qui passaient par la compréhension pour aller à la Conscience, et avec d'autres qui souhaitaient atteindre le même but, mais en utilisant l'énergie afin que le comprendre se taise un peu. Mais ni l'une, ni l'autre ne permettaient la libération de la souffrance, seulement son soulagement. Je n'avais pas fait tout ce chemin pour me satisfaire de cela. La vie m'avait pourvue d'un décodeur qui me permettait d'entendre, quand une personne s'exprimait, les leurres, les mensonges souvent inconscients qu'elle formulait.

Je n'avais pas réalisé à quel point l'homme s'est emprisonné, s'est lié à sa souffrance.

Je ne souhaitais plus du tout apprendre de nouvelles techniques. J'étais de plus en plus consciente qu'elles ne pouvaient être qu'une béquille pour soulager momentanément un symptôme, qui se réveillerait de nouveau, sous une forme différente. J'allais apprendre où la vie, depuis quelques années, me conduisait.

Souvenez-vous du fleuve et de la berge dont je vous ai parlé. Il y a encore quelque temps, je nageais, entourée par de nombreuses âmes dans ce fleuve de la souffrance, de la peur, de la colère, mais aussi du désir, de l'attachement, du plaisir et de toutes les émotions qui laissent en nous des empreintes. Je commençais de temps en temps à aller sur la berge où l'énergie est si légère. Je vivais la sérénité, la vacuité, puis je m'échappais de nouveau. Et même si je trouvais que les eaux du fleuve étaient moins troubles, j'y replongeais encore. J'allais apprendre enfin, sans effort, sans que le mental n'intervienne, à rester sur la berge. La Conscience venait m'initier par les mots que je prononçais, et me ramenait à la Source.

J'étais remplie par cette nouvelle vibration qui s'installait. Je ne vivais pas encore toute la Présence, toute la Conscience qui m'était dévoilée, mais je savais que je me rapprochais...

CHAPITRE III

FEMME EN PASSAGE

Il y a différentes façons de se mettre en recherche, mais il y a un point commun à tous les chercheurs : ils doivent oser sortir des sentiers battus et donc se confronter au jugement, au “référentiel”, à la colère, au rejet... et à bien plus encore. Le chemin du chercheur n’est pas toujours facile et tous les obstacles, toutes les épreuves qu’ils provoquent testent sa foi de continuer.

C’est depuis peu que j’ai découvert l’enseignement d’êtres réalisés et principalement celui de Ramana Maharshi. Bien avant de le lire, ma conscience s’était déjà ouverte à son énergie, à sa venue. Je n’avais pas réalisé que toutes ces expériences que je pensais “extra-ordinaires” me préparaient à l’accueillir. Mais accueillir Qui, si ce n’est la Grâce. « Dieu, Grâce et Guru sont synonymes. »*

* *Immortelle Conscience*, Ramana Maharshi, Éd. Les Deux Océans.

Depuis quelque temps, je n'arrivais plus à lire. J'ouvrais un livre et le refermais presque aussitôt. J'avais la sensation que les phrases étaient vides et je ne les comprenais plus. C'était un peu comme si on avait coupé les circuits de mon mental, ce qui n'était pas toujours confortable. Il m'arrivait à peu près la même chose quand j'écoutais une personne qui tenait un discours intellectuel. Je n'arrivais pas à me fixer sur ses propos et très vite, je décrochais. J'étais en train d'approfondir mon écoute de l'âme et non des mots.

Pourtant mon ego s'exprimait encore mais il ne pouvait rien faire, face à ce décodage de l'apparence. Cela était. Ce qui ne fut pas toujours facile, car cette écoute me dévoilait les mensonges les plus cachés des comportements de l'ego. Pas uniquement ceux des autres, mais aussi les miens.

Quand il m'arrive de lire, les enseignements de Ramana Maharshi, que ce soit quelques lignes ou quelques pages, je ne suis jamais surprise par ce qui est écrit, c'est comme une évidence qui me remplit. Et bien au-delà des mots, je sais que ce n'est pas leur sens mais leur vécu que je dois réaliser. Et c'est ce que je commençais à vivre.

Jusqu'à maintenant, j'étais émerveillée de ce qui m'était offert, de ces moments de Lumière que je regardais encore comme extérieurs à moi. Mais seul l'ego pouvait les placer à l'extérieur. Le chemin que je devais parcourir était de réaliser que j'étais ces moments de Grâce, que je suis cette Grâce. Et là encore, il n'y a rien à faire. Cela arrive.

Mais avant d'en arriver à cette rencontre intérieure avec Ramana Maharshi, j'ai connu durant ces trois dernières années des transformations profondes, tant sur le plan de la compréhension que sur le plan vibratoire. C'est souvent lors de stages ou de consultations que je le réalisais.

Je n'étais pas thérapeute depuis très longtemps. Ce travail m'a appris à ne pas m'identifier à l'émotion que vivait la personne qui venait me voir. Plus exactement lorsque je consultais, je retrouvais cet espace de vacuité qui ne permettait pas à l'émotion de résonner. Cette vacuité aura permis à certaines personnes d'observer leur émotion, même si ce n'est que quelques instants, et d'en parler comme si elle leur appartenait moins. De par ce fait, la souffrance devenait moins forte.

À cette période, je travaillais surtout sur l'allègement de la souffrance et non sur sa libération. J'avais constaté que dès que je je me plaçais dans une certaine écoute, je vivais la vacuité qui allège toujours l'énergie et celle des personnes qui sont à vos côtés, excepté quand on s'accroche trop fortement à sa peine.

Je constatais qu'en permettant à une personne d'alléger sa vibration, sa souffrance diminuait, car dans la densité, la douleur est renforcée. Et si le mental avait compris comment reproduire cela, ce changement ne faisait que diminuer l'intensité de la souffrance... mais elle revenait.

De nombreux thérapeutes rencontraient le même problème ; que se passait-il ? Comme cela m'a souvent été dit, j'étais une « énergie bousculante ». J'allais souvent droit au but sans prendre de détours et il était préférable de ne pas me rencontrer si l'on ne souhaitait pas regarder en face ce que l'on était et ce que l'on continuait à mettre en place pour souffrir davantage.

Avec le temps, je réalisais que je commençais à mettre l'ego à nu, ce qui provoqua de nombreuses colères. Mais je ne m'en sentais pas affectée. Si une personne souhaitait réellement se libérer de la souffrance, il ne lui était pas possible de le faire en continuant à se cacher derrière le mensonge, qui n'est qu'un juge qui décide ce qui est bien ou ne l'est pas, ce qui peut être reconnu, aimé ou non. J'étais beaucoup trop entière et fonceuse pour accepter les demi-teintes.

Je remarquais que plus l'ego se dévoilait, moins je lui donnais d'importance. Il était ce qu'il était et c'était tout. C'est un peu comme lorsque l'on vous demande de garder un secret. Vous devez vous taire, ne rien laisser paraître et dans certaines situations, vous devez vous contrôler pour que les mots ne vous trahissent pas. Cela devient un vrai fardeau ! Il suffirait pourtant de ne plus avoir de secret pour que cela n'encombre plus la tête.

Alors je décidai de ne plus en avoir avec "moi-même" afin de me libérer la tête, qui est comme vous le savez le point de départ de la souffrance.

La plupart des personnes que je rencontrais étaient prêtes à se dévoiler, sachant que c'était aussi une façon de ne plus se rejeter. Mais... jusqu'à un certain point, car "Monsieur le juge Mensonge" voulait encore décider des limites qu'il ne fallait pas dépasser. L'attachement à son image est puissant, car souvent identifié à tout ce qui a été mis en place pour se faire aimer.

J'ai appris à rire de ce que faisait l'ego, et cela lui enlevait de son importance. Se mettre à nu, n'est-ce pas aussi ne plus s'attacher au vêtement, donc à l'apparence ?

Ma quête n'était pas de laisser l'ego et ses souffrances m'éloigner de la Lumière, de la Plénitude que j'avais vécues. Oser se dévoiler simplement n'était pas ce que préférait l'orgueil, mais faisait sourire l'humilité.

L'ego est un grand acteur, et tant qu'il s'identifie à son rôle, il vit la souffrance. Jusqu'au jour où il fait vraiment le choix d'être libre, donc de ne plus être attaché. Il fait le choix de ne plus se cacher, de ne plus se juger, de ne plus se mentir. Et c'est quand on met tout en œuvre pour se purifier de cela que la Conscience peut se dévoiler.

Puis, continuant sa route, l'être réalise qu'il ne peut plus s'identifier à ce qui est éphémère. Il commence à souhaiter se regarder dans le miroir de Dieu plutôt que dans le miroir de l'Homme.

C'est alors que ce miroir lui renvoie : « Comment peux-tu être ce qui ne dure pas ? Comment peux-tu être la colère que tu as ressentie il y a quelque temps, et que tu n'es plus aujourd'hui ? Comment peux-tu être cet amour, qui aime un jour et rejette le lendemain ? Alors, qui es-tu ? Cette addition de changements, qui très souvent s'accompagne d'une addition de souffrance ? Est-ce cela que tu souhaites encore vivre ?... »

Je savais très clairement que je n'aspirais plus à cela et en même temps, je réalisais qu'il me fallait encore sacrifier des références, abandonner certaines peurs qui m'attachaient encore, non pas à la vie, mais à la survie.

J'aimerais revenir sur un point : être chercheur. Je n'ai jamais rien lu de Krishnamurti, mais j'ai vu de lui une cassette vidéo, et je crois que c'est en la regardant que j'ai pris conscience que j'étais en recherche ; cela a changé quelque chose.

Tant que je n'avais pas réalisé cela, j'avançais dans ma vie en laissant l'ego s'impliquer et en ne prenant pas assez de recul. Ce qui faisait souvent dire à un ami que je ne me protégeais pas assez et que, mes vibrations s'étant affinées, je devais le faire. Mais je ne savais pas de quoi je devais me protéger et comment. J'ai en effet parfois payé très cher ce que je ne savais pas alors.

Comment se protéger fut longtemps une question. La seule réponse qui me venait était que Dieu me protégeait. Je savais toutefois qu'il manquait quelque chose à cette information. Je continuais à être trop souvent secouée par ce décalage entre ces instants si légers, si lumineux que je vivais, et la densité que je retrouvais parfois dans mon quotidien, d'autant plus quand je cherchais encore, auprès d'êtres attachés à leur souffrance, les réponses à mes questions, à ma peur encore présente de faire le chemin seule.

Vous pouvez sourire ; je sais que la réponse m'était donnée dans ces propos, mais j'étais encore attachée à une peur qui m'empêchait de l'entendre. Quand je demandais de l'aide, "personne" ne pouvait me donner de réponse satisfaisante. Un jour, un ami thérapeute, qui a été souvent présent lors d'un passage difficile – ses intuitions et son discernement m'ont souvent permis de poursuivre ma route –, m'a répondu, alors que je lui demandais son aide : « Même moi, je ne peux plus te faire de retour. Les réponses ne peuvent plus te venir du comprendre, tu dois accepter de les entendre au-delà. Tu as demandé d'être conduite sur ce chemin et tu y es. Alors, accepte-le. » Je fus envahie d'une peine immense. Ces propos me renvoyaient à la solitude, et pourtant quelle justesse et quel amour d'avoir osé me dire cela ! Parfois, certains mots nous blessent, et au lieu d'en faire bon usage, nous nous renfermons, oubliant ainsi l'amour dont a dû faire preuve celui ou celle qui nous les a dits.

Ces propos me firent prendre conscience que je souhaitais encore avancer sans trop avoir à sacrifier. Et si je tenais encore à certaines souffrances, qui n'en ont pas toujours l'apparence, comme « aime-moi », « reconnais-moi », et qui sont souvent le moteur de nos actions, comment allais-je m'en libérer ?

Aujourd'hui, je sais que c'est parce que j'allais encore me plonger dans le miroir de l'ego que je m'alourdissais. Il m'était difficile de me libérer de certains liens affectifs. C'est là où la Vie, une nouvelle fois, m'a offert son aide.

Quand nous vivons un passage, nous devons en effet nous protéger, car nous sommes un peu comme en convalescence. Et demander le soutien à des personnes qui sont toujours à l'écoute de leur souffrance peut parfois soulager, mais tant que le miroir est celui de l'ego, comment s'en détacher, comment s'en libérer ? C'est pourquoi certains êtres souhaitent rencontrer un

Maître, afin de se ressourcer et de laisser la Conscience qu'Ils sont, qu'Ils nous offrent, résonner en eux.

Lors de mon séjour en Inde, à Tiruvanamalaï, je fus mise en présence d'un être qui, depuis trois ans, avait été conduit à vivre à l'ashram de Ramana Maharshi. Nous parlions et nos mots n'avaient plus besoin d'être écoutés tant ils étaient les mêmes. Nous avions vécu de nombreuses expériences communes et tout était si simple. Un jour, cette femme me dit : « Ici, nous sommes dans le berceau, où tu sais maintenant que tu peux toujours revenir. »

Si la Présence est en nous, tant qu'Elle ne s'est pas installée de façon permanente, nous devons toujours ramener notre pensée vers sa Source. Ramana Maharshi nous prévient en disant : « L'esprit au service de l'ego perd ses forces et devient trop faible pour résister à l'assaut des pensées. »*

Je fus donc amenée à prendre du recul. Observer, n'est-ce pas le rôle du chercheur ? Ne doit-il pas trouver la permanence de son expérience ? Et pour cela, il lui faut rencontrer le silence intérieur qui ne peut se trouver en se mettant "au service" de la souffrance.

**Immortelle Conscience*, op. cit.

Mais comment vivre la permanence en restant soi-même dans le monde de la souffrance ?

Quand j'ai réalisé, en écoutant Krishnamurti, que je devais déjà accepter d'être un chercheur, en prendre réellement conscience, j'ai su en même temps que j'allais devoir être plus vigilante face aux références et aux jugements. C'est souvent ces derniers qui nous impliquent dans ce qui arrive ou dans ce qui est dit.

Pour bien comprendre à quel point vous vous identifiez à ce que vous dites, souvenez-vous ou écoutez-vous raconter un événement que vous avez vécu. Plus l'émotion fut grande, plus l'attachement fut fort, plus vous revivez avec intensité dans l'instant ce qui est pourtant passé. Et votre pensée ramène alors dans le présent la colère, la tristesse ou la joie. Dans ce décalage que vous créez en vivant le passé dans votre présent, vous donnez encore plus de poids à votre karma, dont vous êtes pourtant venu vous libérer.

Plutôt que de vivre "maintenant", vous êtes dans les joies ou les peines du passé ou bien vous anticipez la peur de perdre, la joie ou l'espoir de jours meilleurs.

Quant à moi, j'étais consciente que je commençais à moins m'identifier à la peine d'une personne. Car bien entendu, nous ne sommes touchés par la douleur de l'autre que lorqu'elle résonne avec la nôtre. Donc, plus je me détachais de ma souffrance, plus je me détachais de *la* souffrance.

Pour m'isoler, je ne pouvais pas faire mieux ! Car allez faire comprendre cela dans un monde où aider son prochain, faire preuve d'amour, c'est reconnaître sa peine comme lui appartenant. Je ne pouvais plus. J'ai dit un jour à ma fille, mécontente de ce comportement : « Si je pleure avec toi sur ta peine, va-t-elle partir ou va-t-elle être plus présente?... Et si j'acceptais de lui donner de l'importance quand tout mon être aspire à s'en libérer, ne trouverais-tu pas que ce que je fais pour moi, je ne le fais pas pour l'autre? Si un chercheur trouve de quoi soulager, doit-il garder pour lui le fruit de sa recherche ?... »

Mais revenons à cette période où j'étais thérapeute. Un an avant que la Vie ne m'amène à tout arrêter, je vécus une expérience qui modifia profondément ma conscience. Dans l'apparence, il n'y avait pas de réelle modification, mais je ressentais bien que quelque chose en moi avait changé. Il fallut plusieurs mois pour que j'intègre, sans réflexion bien sûr, ce qui m'avait été transmis et qui me rapprocha de la Présence de Ramana Maharshi.

C'était lors d'un séminaire, je travaillais avec des personnes que je connaissais et qui avaient accepté de vivre les exercices que l'intuition me délivrait chaque jour. Il me devenait de plus en plus difficile de proposer un programme auquel je ne pouvais plus me tenir, tant j'étais à l'écoute de l'énergie du moment. Alors, imaginez le vide de réponse qui m'arrivait ou ne m'arrivait pas, quand il m'était demandé de me définir ou de donner un programme. Surtout que la personne qui vous pose une telle question attend une réponse qui entre dans ses références. Dans ce cas, je laisse les mots venir, tout en prévenant qu'il se passera peut-être tout à fait autre chose.

Lors de ce stage, je dis aux personnes présentes que je n'avais aucun exercice pour le soir et que pour une fois, nous allions peut-être nous coucher tôt. Je leur racontai qu'à mon réveil, j'avais vu une chose étonnante pour moi : le Christ ou plutôt une forme, une énergie qui, sans aucun doute était pour moi le Christ ou, si vous préférez, l'Énergie Divine qu'Il représente. Il descendit trois fois de sa croix pour venir vers moi et dès qu'Il s'approchait, Il disparaissait sans rien me dire. Je ne comprenais pas le message, mais je trouvais cette image amusante. C'est lors du dîner que l'Exercice se mit en place. Je venais de m'asseoir quand j'eus la sensation que mes mains restaient clouées sur la table et qu'une Énergie, qu'aucun mot ne pourrait vraiment décrire, s'installait dans ce corps. J'étais "remplie", et lorsque je regardais les personnes présentes, ce n'était plus leur regard que je croisais mais ce qu'elles étaient. La plupart d'entre elles, celles qui ont pu s'ouvrir à cette Énergie en croisant ce regard quelques instants, s'abandonnaient. Ce n'était pas que des larmes qui coulaient sur leur visage, c'était la Beauté... Je savais que ce n'était pas Laurence qui regardait et je rangeai encore une fois cette expérience comme "extra-ordinaire".

Cela dura près d'une journée ; je ne pouvais plus continuer ce stage. Comment travailler sur les comportements de l'ego, quand je ne voyais plus que la Beauté ? Sans que je n'aie rien eu à faire, la Grâce, que l'être en démarche spirituelle aspire tant à vivre, m'était offerte. Mais la Conscience devait encore s'éveiller, et comme une enfant je me suis mise dans l'effort pour quitter cet état et retrouver une vibration qui me permettrait à nouveau de répondre à la demande des personnes qui étaient venues faire ce stage.

Depuis, les expériences pour dévoiler la Conscience se sont rapprochées. Toutefois, je ne "réalisais" pas encore et je me sentais coupée. Bien sûr, les signes furent très nombreux. Non que je ne voulais pas les écouter – j'ai même souvent abordé le sujet, consciente que je ne pouvais plus continuer à travailler comme je le faisais –, mais j'avais encore peur. Comment allais-je faire pour nourrir ma fille et me nourrir ? J'avais encore besoin de croire que c'était moi qui décidais.

Je ressentais pourtant une sérénité s'installer en moi, mais lors de séances, quand certains patients ramenaient tout à la personne et ne pouvaient s'ouvrir à une autre conscience, j'éprouvais de la fatigue. Le corps physique était en train de s'affaiblir. N'était-ce pas en relation avec ma peur ?

Quand une personne est dans la souffrance, son énergie est souvent très dense, et autant certaines séances furent d'une grande beauté et l'énergie si légère qu'elle rapprochait du Soi, autant dans cette période de passage, ces quelques êtres qui ne souhaitaient n'écouter que leur ego pour mieux le maîtriser, me faisaient prendre davantage conscience qu'ils me demandaient une chose que je ne pouvais plus leur offrir : être le miroir de l'ego. Cela me devenait difficile.

D'autre part, je commençais à tenir des propos qui ne cherchaient plus à apprivoiser l'ego mais à le faire se taire. J'avais remarqué que plus je me mettais à nu, c'est-à-dire plus je déjouais les mensonges de l'ego, moins je lui donnais d'importance. Vous avez pu constater que lorsqu'une chose ou un être n'a pas d'importance pour vous, vous n'êtes pas touché. Si vous préférez, l'événement passe sans laisser d'empreinte. Je ne cherchais donc plus à m'arranger avec l'ego, mais à ne plus être possédée par ses mensonges, et je vous assure que cela demande discernement et humilité.

Quelque chose en moi pressentait déjà que mettre l'ego à nu et sourire de sa nudité, de ce qu'il nous dévoile, permettrait de s'en libérer. Mais retrouver cette légèreté, ce sourire d'enfant devant une chose que nous avons jugée si longtemps bonne ou mauvaise et constater qu'elle n'a plus d'effet sur nous ne peut se réaliser tant que nous sommes attachés à notre image, au désir qui l'a fait naître. Je devais dons aller à la source de cet unique désir dont se nourrit tous les autres et qui est le dernier maillon à détacher.

Vous vous doutez que ce passage que je vivais a dérangé certaines personnes qui souhaitaient ne plus connaître la souffrance sans faire taire l'ego, ce qui revenait à vouloir se rapprocher de la Lumière, de la Connaissance, de Dieu mais en étant encore “séparé”.

Faire taire l'intellect qui préserve l'ego n'était pas l'aspiration de beaucoup, qui pourtant étaient venus me rencontrer à un moment de leur vie où ils avaient l'impression de ne plus avancer, de revenir toujours au point de départ. Ces êtres ne doivent pas se mentir : “s'écouter penser” leur donnera de nouveau cette sensation de tourner en rond.

Et n'oubliez pas : le mot n'est vraiment pas essentiel. Si c'est la tête qui l'écoute, elle va s'y attacher et lui donner de l'importance, et c'est un intellect froid qui prendra les commandes de votre vie. Mais si c'est le cœur qui tend l'oreille, vous ne laisserez plus l'apparence vous tromper. La peur prendra moins d'importance et ce n'est plus l'événement que vous jugerez, mais la Vie que vous réaliserez.

Quand le cœur écoute, il connaît le rire, la joie et la légèreté. Mais quand il fait semblant et ce, même s'il fait naître le rire, il ne peut quitter la densité.

Je ne pouvais plus rester dans ce "semblant", dans le leurre que la plénitude peut se vivre en préservant l'ego. Tant que ce dernier n'est pas détruit, la Conscience ne peut se réaliser, cet enseignement des Maitres commençait à résonner comme une évidence.

Je devais oser tout arrêter, je ne pouvais plus travailler ainsi. J'ai fini par le faire, mais j'ai un peu tardé et la vie allait me le dire. Je souhaitais vivre le passage sans me mettre dans une situation trop difficile. En cherchant à me préserver, alors que les messages étaient très clairs, je réactivais la peur. Et dans ces moments-là, le mental nous présente toujours des solutions arrangeantes qui cachent pour un moment notre mal-être, en nous replongeant dans l'illusion.

C'est un peu comme pour le doute : quand vous le laissez prendre place, il crée en vous une situation de malaise. Vous savez ce que vous avez ressenti, et pourtant, avec le temps, même si c'est après un court moment, il vous arrive d'en douter. Alors, le mental vient falsifier vos ressentis et vous laisse face à la colère, à la déception.

Entre l'évidence de tout stopper et sa mise en acte, j'ai laissé bien trop de temps. Ce qui a toutefois permis d'installer une épreuve sur ma route qui m'a été d'une grande aide. La sérénité s'est installée depuis, dans une conscience que je ne connaissais pas, ou peut-être dans une constance que je découvre.

Du moment où vous réalisez que vous n'avancez plus, que vous êtes en décalage, que quelque chose vous freine dans votre recherche, et si cette dernière est sincère – c'est-à-dire si elle n'est pas là uniquement pour combler votre besoin de reconnaissance – quelque chose se met à changer.

Ce n'est pas un acte réfléchi, maîtrisé ; vous constatez et observez simplement ce changement. C'est parce que votre conscience s'est modifiée – et non votre comprendre – que cela peut se mettre en place.

Ma recherche était l'Unité. Je l'avais vécue et j'aspirais à la retrouver. Mon regard se tournait de plus en plus vers la Source.

C'était devenu pour moi une évidence que la souffrance naît de la pensée, qu'il était possible de ne plus s'identifier à une émotion, à une situation, ce qui ne veut pas dire la fuir. Je savais que cela demandait au départ une certaine vigilance, car les pensées s'accélèrent parfois au point de nous replonger dans les peurs. Je réalisais aussi que tant que l'être ne souhaitait pas se libérer de ses attachements, ce travail ne pouvait être possible. Il fallait aspirer à faire taire l'ego – y compris l'ego spirituel dont la subtilité peut parfois nous leurrer –, pour de nouveau m'unir à la Conscience, au Soi, à Dieu, car je ne souhaitais pas juste me rapprocher de ce qu'Il représente.

Plus j'allais vers cette conscience, plus je me sentais isolée. J'avais été attirée par des êtres travaillant dans l'énergie, sur les chakras, sur les différents corps et tout cela me fut donné. J'avais été impressionnée par le témoignage de certains êtres qui sortaient de leur corps ou étaient en contact avec un guide, et là encore, cela me fut donné. Pour beaucoup, j'étais devenue un "channel", mais mon seul guide était la Conscience. Depuis peu, je faisais aussi des sorties hors du corps. Il sufffisait que je m'intéresse à une chose pour que je l'expérimente, mais cela restait encore "extra-ordinaire".

Quelque chose se modifia suite à une maladie où la mort fut très proche. Je refusais de me rendre à l'hôpital et je pus ainsi vivre dans de meilleures conditions ce que cette maladie – qui aurait dû être douloureuse – allait m'enseigner. À aucun moment je n'ai souffert ; le corps physique était fiévreux et épuisé, mais moi je riais et écoutais sans fatigue les personnes qui me le demandaient. Je parlais et je savais que ma conscience n'était pas dans mon corps. J'étais en train non pas d'apprendre, mais de vivre que je n'étais pas le corps.

Cela faisait beaucoup et en bien peu de temps. Si nous sommes en effet, comme on le dit parfois, le fruit de ce que nous avons vécu dans d'autres vies, eh bien, j'avais déjà du être en recherche !

Certaines personnes auraient aimé que je continue à vivre ces moments qui me rendaient un peu “particulière”, mais cela ne m'intéressait plus. Je réalisais que tout ce que j'expérimentais était encore des subtilités de l'ego, car si la souffrance était moins dense, elle était encore présente.

Pour la première fois, je crois, j'ai réellement souhaité rencontrer un Maître qui me soutienne.

À cette époque, je lisais très peu, presque plus. Les rares livres que j'arrivais à ouvrir me transportaient, après une ou deux lignes, sur un autre plan de conscience. Alors, où trouver de l'aide ? C'est à ce moment qu'un ami – qui m'a souvent permis d'avancer – m'a conseillée de me rendre à des conférences. Il était sûr que j'avais quelque chose à en apprendre. Il savait, tout comme moi, qu'au-delà du mot se cache la vibration et que c'est elle qui fait bouger les choses, qui éveille la conscience, quand elle vibre sa Présence.

Lors de stages ou de séances individuelles, j'avais réalisé que ce n'était pas ce que je disais qui permettait aux êtres de se rencontrer, car mes propos ressemblaient à d'autres, mais ce que j'étais, ce qui émanait de moi.

Toutefois, il y avait encore une certaine instabilité dans ce que j'émettais. J'étais consciente que je pouvais connaître la vacuité, là en un instant, mais aussi que je pouvais en sortir, et principalement avec des êtres qui me touchaient encore !

J'avais une autre difficulté : celle de pleinement accepter ce qui avait changé en moi, et ainsi je me ralentissais.

Mais revenons à ces quatre conférences auxquelles je me suis rendue. L'une était animée par un sage qui me ravit par sa joie et sa simplicité. Une autre fut pour moi la rencontre avec un Maître venu d'Inde, et là je fus surprise. Je ne ressentais, en sa présence, ni élargissement, ni lumière, mais par contre une grande fatigue. Je trouvais que les propos s'adressaient trop au mental, et pourtant cet être connaissait le non-attachement. De cela, je ne doutais pas, et sa conscience ne pouvait pas ne pas éveiller la mienne.

C'est le lendemain que j'ai eu la réponse. Ce maître avait réussi, tout en s'adressant au mental, à passer au-delà de lui, permettant à la conscience d'intégrer ce qui était dit. D'une certaine façon, ce que le mental entend, la conscience le réalise et sans ce passage, il ne peut y avoir de réelles modifications, il ne peut se produire que des changements de surface, dans l'apparence.

C'était un tour de force qui m'a permis de lâcher quelques références. J'attendais d'un maître qu'il m'initie par sa Présence lumineuse et surtout que l'effet soit immédiat ! Je suis heureuse de ne pas m'être enfermée dans cette attente, car je n'aurais pu recevoir l'information qui m'a été offerte.

Je savais que cet Être éveillé ne serait pas mon Maître, mais il m'offrit lors de sa conférence l'ouverture pour Celui qui allait le devenir : je rencontrai la Présence de Ramana Maharshi.

Quant aux deux autres conférences, ce fut autre chose. Elles ressemblaient un peu au mensonge dont je parlais plus haut. Non pas que les personnes qui les animaient n'étaient pas en chemin, mais il y avait un décalage entre ce qu'elles cherchaient à proposer et ce qu'elles étaient. Et les personnes présentes avaient tellement besoin de ce que le conférencier leur apportait, qu'elles ne pouvaient plus écouter leur ressenti et leur attente leur faisait croire à...

Vous avez tous connu ces moments où vous avez eu besoin que quelque chose bouge et où vous étiez prêts à croire tout ou presque tout ce qui pouvait vous soulager, vous redonner espoir, mais pour combien de temps ?...

Quand une vibration n'est pas authentique, elle ne fait qu'effleurer la surface. Je n'ai jamais fait alliance avec le mensonge et c'est peut-être la raison pour laquelle les messages m'arrivent "décodés". Je comprenais mieux pourquoi certains sages disent qu'il est important d'avoir un Maître, car les pièges sont nombreux. Et pour celui qui souhaite profondément, non pas comprendre, non pas trouver un soulagement temporaire, mais se libérer, cela demande beaucoup de courage, d'honnêteté et de discernement pour aller au fond de soi-même. Et parfois, avant de déjouer le piège, nous tombons dedans. Le tout est de ne pas y rester. À cette époque, celui dont il me fallait sortir était d'être devenue un maître pour certains, même si, avec honnêteté, je le démentais en dévoilant encore mes attachements. D'autres arrivaient même à voir en moi la réincarnation de Marie-Madeleine. Les expériences que je vivais étaient d'une grande pureté, elles n'avaient vraiment pas besoin d'être référencées, excepté par l'ego qui, ainsi, se rassure.

J'essayais de rester vigilante face aux projections qui étaient faites sur moi et ce n'était pas toujours facile, car le besoin d'être reconnu par ce que je représentais conduisait certains à transformer en apparence leur ego et à se leurrer davantage. C'est d'ailleurs peut-être cela qui me permit de sortir du piège, mais aussi le fait que je regarde souvent la vie et que j'en ris comme une enfant. Ce qui surprend parfois, mais cela me préserve et me permet sûrement de vivre la vacuité.

Je tendais à la pureté, et j'étais alourdie par le mensonge que même une belle apparence cherchait à me cacher. Je pensais alors qu'en dévoilant à ceux qui disaient vouloir progresser dans une voie spirituelle, les mensonges qui les freinaient, ils pourraient connaître le discernement. Mais le besoin de reconnaissance, le besoin d'être aimé, de présenter une image conforme à ce que l'on croit "aimable" prenait le dessus. Beaucoup restèrent dans le comprendre, peu vécurent la Conscience, qui est le passage du savoir à la Connaissance par l'expérience.

Face à la souffrance d'êtres que j'affectionnais, je me suis fait le mensonge de croire, pendant quelque temps, que je pouvais les aider en leur montrant les pièges dans lesquels ils tombaient. Mais l'orgueil est un puissant adversaire et le mien était encore de croire que je – "mon ego" – pouvais aider un être à faire le passage. Le vouloir faire et la satisfaction que je vivais (moins souvent, il est vrai), suite au "mieux-être" d'une personne, étaient encore trop présents. Je suis sûre que de nombreux thérapeutes honnêtes se reconnaîtront dans cette description. J'allais apprendre que Laurence ne peut rien faire, si ce n'est être le miroir de l'ego, donc du comprendre et ce n'était plus ce vers quoi je tendais.

J'avais constaté, lors de stages auxquels j'avais participé, que les thérapeutes se dévoilaient très peu. Je trouvais qu'ils cherchaient à laisser paraître une image d'eux-mêmes qu'ils n'étaient pas, et qu'ils prenaient ainsi le risque de se perdre dans le regard admiratif de l'autre, de devenir ce regard et de s'y enfermer. J'avais donc décidé de ne pas prendre ce risque, d'être ce que je suis quelle que soit la situation.

J'étais ainsi l'expression de ce décalage que je vivais et cela devait parfois déranger. J'ai vécu des moments d'une telle beauté, que je veux bien croire les personnes qui ont vu mon aura violette ou dorée. Mais quand je quittais cet état où tout est si simple, où il n'y a pas à faire, seulement à laisser faire, retrouver les désirs devenait douloureux. Comment pouvais-je réduire ce décalage qui, s'il gênait certaines personnes, provoquait chez moi les troubles que vous pouvez imaginer ?

Vous savez qu'entendre la réponse à une question ne suffit pas. Tant que cette dernière ne s'enregistre que sur le plan intellectuel, et que vous ne l'expérimentez pas, rien ne change excepté votre compréhension. Je savais donc que continuer à être le miroir de l'ego ne pouvait que m'y ramener, et que cela me freinait et m'empêchait de réduire ce décalage. Il fallait que j'ose quitter ce que je vivais et qui ne correspondait plus à ma quête.

Je m'étais rapprochée depuis peu de la Présence de Ramana Maharshi, et c'est sûrement par sa Grâce que la vie accéléra les événements qui me permirent de franchir le pas.

Je résistais encore car je fus très secouée pendant trois jours. Ce fut surtout le corps physique qui paya l'attachement, l'affection que je ressentais encore pour certaines personnes. Et qui dit attachement, dit résonance avec "notre" ego.

N'oublions pas que la souffrance nous est commune, seules son intensité et son expression peuvent être différentes. Au fur à mesure que ma conscience réalisait que je serais amenée à m'éloigner "physiquement" de certains êtres, je ressentais comme un égrégore de colère s'installer et il devait se vivre car j'avais à en apprendre quelque chose. Je n'ai pas réalisé tout de suite la force de la peur qui émanait de cette énergie. Mais mon corps, lui, fut très touché. Il vivait comme des décharges douloureuses d'énergie qui provoquaient une grande fatigue. Ce qui me fut dit plus tard par un être lumineux que je rencontrais en Inde, c'est que mon corps, par cette épreuve, était en train d'être purifié, pour m'ouvrir davantage à la Conscience.

Aujourd'hui, je crois aussi en cela car ce que j'ai vécu pendant ces trois jours fut très surprenant. Avant ce passage, je m'identifiais encore à la colère et "d'un coup", je pris conscience que j'observais les comportements peu chaleureux de certaines personnes, mais qu'aucune colère, aucun rejet ne naissaient en moi ; et ce fut une grande joie.

J'étais un peu comme une enfant en train de chercher un "objet" perdu que je ne retrouvais pas. Ce fut la première fois que je vivais ainsi une situation "douloureuse". Quel beau moment d'amour !

Pendant longtemps, j'ai cru qu'il fallait comprendre la souffrance, en être responsable en acceptant que nous créons les situations que nous vivons pour en tirer un enseignement. Je croyais sincèrement qu'ainsi je pouvais me libérer de mes peines. Toutefois, je commençais à réaliser qu'en s'installant dans la souffrance jusqu'à ramener des événements douloureux du passé dans le présent, l'homme lui donnait alors plus d'importance ; au lieu de s'en libérer en s'intéressant à elle, il s'y attachait davantage. Jusqu'au jour où je pris conscience que dans la vacuité, la souffrance n'avait pas de place, que les émotions n'existent, ne laissent des empreintes, que lorsque nous "voulons maîtriser" les situations.

Un ami me disait que cet événement était – je reprends ses termes – « un droit de passage », et que ma foi était mise à l'épreuve. C'était tout à fait cela. Il m'a aussi fait prendre conscience que je devais aller chercher cette peur que j'avais en commun avec ces quelques personnes.

Merci à toi dont je ne cite pas le nom, tu as été souvent sur ma route une âme qui a permis à ma conscience de s'éveiller. Ce jour-là, tes propos furent un déclic. Je n'ai pas eu d'effort à faire, cela s'est produit.

Je ne m'identifiais plus à cette peur et je réalisais que plus rien de ce qui était fait ou dit n'était important, donc la colère ne pouvait prendre place. Je retrouvais ma sérénité ; je venais de vivre non par le comprendre mais par l'expérience de la non-identification, et j'avais ainsi réduit le décalage dont je vous parlais plus haut. Depuis, quelque chose a changé, je m'évade beaucoup moins dans le temps, ce qui crée beaucoup plus de constance et cette sensation que tout est tranquille.

Pendant quelque temps encore, il arrivait que la peur, avec beaucoup moins d'intensité, ressurgisse tout de même, mais ma conscience – qui ne la percevait pas toujours auparavant, ou pas immédiatement, tant la peur a de nombreux visages jusqu'à l'apparence de force, de douceur, voire de joie… – la ressentait plus rapidement. Le fait de ne plus être manipulée par elle et de l'observer me permettait de m'en détacher, de la laisser passer.

J'avais souvent utilisé ce verbe "manipuler", et aujourd'hui j'en percevais le sens. La manipulation est tout ce que met en place l'ego, le mental, pour assouvir ses désirs. Et plus ces derniers sont importants, comme celui d'être reconnu, plus l'être utilise la manipulation pour répondre à son besoin. D'une certaine façon, la manipulation est un comportement mensonger qui cache le désir. Le jour où l'ego osera dire : « J'ai besoin que tu m'aimes, alors pour être reconnu par toi, je me fabrique une image que je trouve aimante et je te la propose pour attirer ton cœur et ne pas te perdre, car c'est par ton regard que j'existe », alors avec simplicité, il reconnaîtra aussi ce comportement en chacun et s'en dépossèdera. Comment posséder ce qui est à tous ?

Franchir un pas vers une autre conscience, c'est déjà réaliser que la manipulation et le mensonge ne sont que l'expression de la peur qui laisse tant d'empreintes, en réactivant les comportements anciens.

La peur appartient au temps, elle a besoin du passé, du futur, alors comment pourrait-elle exister dans le Soi, où tout est éternel, où tout est permanent ?

Observer la peur fut très intéressant. Quand elle vient à vous, elle commence à prendre place dans vos pensées, jusqu'à parfois les envahir et c'est ainsi que de la peur vous arrivez à la panique. C'est un peu comme si vous ne pouviez plus contrôler vos pensées ; la peur s'est installée dedans et c'est elle qui dirige le mental, détruisant sur son passage toute forme de liberté. Sa force est d'arriver à créer une chose qui n'existe pas.

Combien de fois avez-vous eu peur d'une souffrance à venir ou qui pourrait s'installer, du retard d'une personne, d'une difficulté financière, d'un résultat d'examen…, et pourtant vous ne saviez pas vraiment ce qui allait se passer.

Alors comment peut-on avoir peur d'un événement qui ne s'est pas produit ? Et plus vous laissez vos pensées se projeter dans le temps, plus vous les laissez analyser les conséquences douloureuses de ce qui n'est pas, de ce qui n'existe pas, plus vous accordez une place importante à la peur et à l'inertie dans laquelle elle vous replonge, tant elle vous prend d'énergie. Et vous retrouvez cet enfermement qui empêche toute personne d'avancer vers plus de liberté et moins de souffrance.

La peur n'a qu'un avantage, celui de chercher à en sortir, en acceptant d'enlever ces chaînes qui vous blessent, et aussi en prenant conscience que vous n'êtes pas dans cette situation qui n'existe pas et que crée le mental en se projetant dans le temps.

Plus vous vous limitez par ce panneau “attention”, plus vous vous installez dans ce que vous croyez connaître, rendant vos boulets plus lourds.

À force de faire à votre place, la peur vous ramène dans la non-conscience où vous devenez une proie facile, sujette à toute influence, et où aucune évolution n'est possible. Comment vos ressentis peuvent-ils être fiables, comment l'amour peut-il s'exprimer sous l'emprise de la peur ? Tout est faussé, sans existence et illusoire.

Il en est souvent de même pour la colère, qui lui est très liée. Vous comprenez peut-être mieux comment l'ego donne naissance au monde de l'illusion.

Il y a un autre point à aborder sur la peur : nombre d'êtres ne sont pas conscients de certaines de ses manifestations, qui prennent parfois une apparence trompeuse. La peur peut se cacher derrière tant de démarches, même spirituelles.

Tant que la peur ne s'est pas dévoilée, l'homme ne peut pas la reconnaître chez l'autre. Et dans cette non-conscience, il s'identifie à l'énergie de peur qui émane de ceux qui l'entourent ; sa vibration s'en trouve alourdie et le mal-être le surprend.

Même le mental peut comprendre ce point essentiel : à chaque fois que vous donnez plus de poids à votre peur, vous augmentez la peur collective, vous la faites grandir, et ce, même si votre quête est de trouver la paix.

Est-il besoin de poursuivre l'observation de ce spectacle dans lequel tant d'êtres sont acteurs !

Y a-t-il une issue pour quitter la scène ? Fort heureusement, oui, mais cela demande beaucoup de persévérance et de constance.

Quand vous avez l'habitude d'un certain comportement, vous le réadoptez parce que vous le connaissez, même si cela vous fait souffrir parfois. Vous avez même la sensation qu'il revient tout seul. Comment pourrait-il en être autrement tant que vous restez dans la non-conscience ?

Alors que faire, avant de ne plus faire ?!

Doit-on utiliser des pratiques comme le sport, le yoga, la méditation... qui sont des démarches différentes pour contrôler l'esprit, le conduire momentanément en dehors de la peur, en dehors du temps ?

Je constatais que si une technique avait parfois l'avantage de calmer l'esprit perturbé par le bruit incessant des pensées, de redonner un peu d'énergie, cela ne me paraissait pas suffisant. C'était juste un moment de répit avant que la souffrance ne revienne.

Quand vous méditez, il y a le méditant et la chose méditée, et le but de l'exercice est que les deux s'unissent. Mais en plaçant à certains moments de votre journée ou de votre semaine un objet de méditation, vous recréez la dualité et vous renforcez en vous cette idée que vous êtes séparé de cet objet.

La méditation ne doit pas être une parenthèse dans laquelle vous vous autorisez à être présent, au lieu de l'être à tout moment, sinon elle devient une échappatoire. Je ne dis pas qu'elle ne doit pas être utilisée, mais elle ne doit pas devenir un entraînement que vous pratiquerez de temps en temps. Elle doit devenir une conscience de chaque instant.

À une personne qui lui posait cette question :

« Comme j'ai trop de travail, j'oublie tout le temps de méditer. Si j'oublie aussi fréquemment, comment vais-je pouvoir faire des progrès ? », Ramana Maharshi répondit :

« Ne vous en faites pas. *Jnâna* (la connaissance) ne viendra pas en un jour. Les *samskâras* (habitudes mentales) ne s'en iront que graduellement. Aujourd'hui, on peut penser toutes les quatre heures : “Oh ! j'ai oublié de méditer.” Demain, il se peut qu'on y pense toutes les trois heures et demie. Après-demain, toutes les trois heures. De cette manière, l'enthousiasme pour la méditation va venir tout doucement.

« Pourquoi pensez-vous : “Pourquoi n'ai-je pas médité ?” ou “Pourquoi n'ai-je pas travaillé ?” Si on laisse tomber les pensées : “J'ai fait”, “Je n'ai pas fait”, alors, toutes les actions vont finir par devenir méditation. Dans cet état, il est impossible d'abandonner la méditation. »

Je réalisais qu'avant de nous libérer de cette pensée que nous ne sommes pas le maître de nos actions, il nous fallait déjà accepter de connaître la souffrance, c'est-à-dire d'expérimenter qu'elle n'est que le fruit de la pensée.

Tant que nous laisserions la pensée et non la Conscience tout dominer, jusqu'à nos actions, les moments d'unité ne pouvaient être qu'éphémères. Car dès que la pensée revient décider, nous quittons l'unité pour le "vouloir faire".

Certaines personnes parlent « d'ouverture de conscience » et confondent parfois ces moments avec l'expérience du Soi qui n'*ouvre* rien, qui *est* simplement. Vivre une ouverture de conscience peut arriver à tout moment. Il n'y a rien à forcer. Nous constatons simplement que notre regard n'est plus le même. Il ne part plus de l'intellect mais du cœur.

Il ne s'agit donc pas de revenir d'un état profond de relaxation, "enrichi" d'images créées par le mental, valorisant l'ego, ni de ramener des expériences du passé, car comment peut-il y avoir ouverture quand nous restons enfermés dans les mêmes références ?

J'ai longtemps confondu aussi ces prises de conscience avec *la* Conscience. D'autant plus quand je vivais des moments merveilleux où je rencontrais des êtres de Lumière, et où, en revenant dans une conscience "ordinaire" – le simple fait que cette expression soit utilisée en dit long –, je voyais la lumière prolonger mes doigts physiques, et bien d'autres choses encore. Quelques personnes ont même vu la lumière sortir à certains moments de ma bouche ; et si à l'époque j'en étais heureuse, aujourd'hui, la seule pensée qui me vienne est : « Qui est enrichi par cette expérience ? » L'ego ; l'ego spirituel... car la Conscience, elle, ne peut pas être "enrichie". Elle s'offre à nous juqu'à notre éveil, jusqu'à notre réalisation.

Bien sûr, ces moments de lumière étaient agréables, voire de l'ordre du merveilleux, et aussi plus proches du plaisir que de la souffrance ! Mais est-ce qu'il y avait un réel changement ? Très sincèrement non, ce qui me paraît aujourd'hui évident, puisque je n'avais pas changé mon système de références. Je pensais toujours en termes de dualité, donc comme un sujet observant une chose extérieure, plutôt que de voir en la chose observée le reflet de ce que je suis quand je m'unis à sa Présence. Dans ces moments de Grâce, il n'y a plus qu'une "atmosphère", qu'une plénitude. Cette conscience vous amène un jour à ne plus vivre des événements, à ne plus être enseigné par eux, puique ceux-ci ne sont plus que l'ombre de Dieu.

Quand, à l'époque, je croyais que ma conscience s'était modifiée, j'étais dans le leurre. J'avais juste transféré mon attachement de la souffrance au merveilleux. Il est parfois difficile de reconnaître nos mensonges, surtout quand ils sont délicieux.

Au fil du temps et de mes écoutes de l'ego, il devenait évident que tant qu'il y avait attachement – que ce soit à la souffrance ou au plaisir –, l'être humain ne pouvait que tourner en rond, ne trouvant que des solutions provisoires d'apaisement.

Et jusqu'à ce jour, je n'ai découvert aucune technique qui allait plus loin. Que la prison soit obscure ou dorée, l'attachement nous y laissait enfermés. Il était pourtant possible d'en sortir, puisque certains êtres se sont réalisés pour nous montrer la voie.

Le seul refrain qui me revenait sans cesse était : « Fais de ta vie une méditation, ne souhaite que devenir un avec Dieu, avec le Soi, à chaque instant. » Il est vrai que plus nous pensons, avec le cœur, à un être d'une façon constante, plus nous nous rapprochons de son énergie jusqu'à la "com-union". Alors, pourquoi laisser des pensées de peur, de colère, de convoitise nous posséder plutôt que des pensées de paix, d'amour, de lumière, pour un jour, sans pensée, nous unir à Dieu ?...

Ma quête était de trouver l'Amour et la Paix, je dis "était", car aujourd'hui, je suis comblée bien au-delà de ce que j'avais espéré.

Tout était si important, si bouleversant, que respirer la légèreté n'était pas imaginable. Je ne cherche plus rien, j'ai aujourd'hui trouvé. Et le temps qu'il faudra pour que je vive à tout jamais la Grâce n'est pas important.

Ramana Maharshi m'inonde de paix et de joie. De m'être rapprochée du lieu où il a vécu n'est peut-être pas l'essentiel, mais pendant ces journées, mon esprit était plus souvent tourné vers Lui ; je le sentais si présent.

En quittant son corps physique, Il a dit à tous ceux qui souffrait de son départ qu'Il restait présent. Cela paraît comme une évidence : comment son énergie pourrait-elle nous quitter puisqu'elle est en nous ? Il suffit de nous replonger à l'intérieur de ce que nous sommes pour la retrouver.

J'ai pendant quelque temps regardé ou visualisé son visage, et même si ce que je ressentais était déjà d'une grande beauté, Il était encore à l'extérieur de moi. Son apparence physique et ce que je projetais sur Lui, comme la Beauté, la Joie, la Lumière, l'Amour, la Conscience... prenaient trop d'importance et m'empêchaient parfois de vivre la résonance de la Présence qu'Il est.

Alors, une autre façon de le contacter, de ressentir sa Présence, s'est mise en place. Je voudrais préciser que cela s'est bien sûr installé sans effort, sans réflexion. Les seuls mots que je peux mettre sur ce ressenti, c'est que l'énergie n'était plus à l'extérieur. Je ne cherchais donc plus à m'en rapprocher, mais au contraire, elle partait de l'intérieur, non pas pour aller vers l'extérieur, ce que j'aurais pu croire, mais pour aller vers l'intérieur. J'avais l'impression parfois de déborder de joie, de cette joie qui n'a aucun objet.

Tout au long de ces pages, vous avez pu suivre quelque peu mon parcours, jusqu'à aujourd'hui. Pendant longtemps, mon plus cher désir avait été de rencontrer l'âme-sœur, ce que je croyais être "l'amour". Maintenant, c'est d'aller en moi, de réaliser le Soi, ce qui, avant de le *vivre*, reste encore un désir !

Cela fait peu de temps que cette aspiration remplit ma vie. Je suis née en Occident, dans un pays où le comprendre est si puissant qu'il m'est arrivé de vouloir partir vivre en Inde pour ressentir autour de moi cette énergie d'êtres respectueux de la recherche du Soi. Je vis dans une culture qui ne "respecte" pas vraiment l'ego et ses désirs, mais qui lui donne tant d'importance que tout ce qui s'en écarte est souvent tourné en dérision, ou bien rejeté par peur ou ignorance.

La plupart des personnes que je rencontrais, qui émettaient le souhait de se réaliser, allant jusqu'à fréquenter des sages et des initiés, ne me paraissaient pas avoir vraiment accepté de lâcher certaines prérogatives que l'ego leur apportait. Quant à d'autres, dans cette démarche, c'est le pouvoir qu'elles recherchaient. Et ne suis-je pas aussi passée par ces deux étapes ?

Quand on est “en passage”, il faut savoir s'isoler, car il n'est pas chose facile de poursuivre la route, entouré par des énergies qui laissent autant de place à la personne. L'homme ne réalise pas qu'il cherche trop souvent à faire taire, non pas le mental qui le fait souffrir, mais le Soi, qui ne peut se révéler tant que l'ego s'enferme dans son importance, ses valeurs, ses références.

Je n'avais pas ressenti à quel point l'homme a peur de bouger, a peur de perdre. Mais perdre quoi ?

Dans mon enfance, j'ai vécu la dévalorisation. Je ne pouvais pas à cette époque me demander : « Qui se sent dévalorisé ? » Si j'avais su alors que cela me permettrait d'enlever toute importance à ce qui n'en a pas, je ne serais pas passée par tant de souffrances. J'ai connu la peur, la colère, la vengeance, le mépris, l'envie… pour arriver à cette recherche, à cette conscience. C'est donc que cela est possible quel que soit le lieu. Allais-je rester en Occident ?…

Depuis quelque temps, nombre de sages d'Orient viennent enseigner en Occident, et une double question leur est souvent posée : « Comment dépasser la souffrance, la peur, et comment vivre le passage, la réalisation du Soi ? » À cette période où j'allais à des conférences, je trouvais que leurs réponses étaient bien peu satisfaisantes pour des têtes pensantes ! Elles se résumaient un peu ainsi : « Le mental vous trompe et vous laisse dans l'illusion, alors soyez le Soi maintenant. »

Imaginez "l'imposture", quand en plus on vous dit qu'il n'y a rien à faire ! Et pourtant, je ne peux que constater que tout s'est toujours mis en place pour moi, quand je ne faisais rien. Ce n'est même pas le "lâcher-prise", dont j'avais tant entendu parler et que je souhaitais vivre, car il n'y a rien à lâcher. Aujourd'hui encore, c'est quand je cherche à faire que je sors de la sérénité. Alors, dès que j'en prends conscience, je vais me ressourcer. N'est-ce pas la véritable méditation que de ramener notre pensée à la Source, quand celle-ci cherche à aller se baigner dans le fleuve ?...

Combien de fois, lors de l'écriture de ce livre, me suis-je tournée vers Ramana Maharshi, dont la Présence est en chacun de nous ! Je le remercie d'avoir fait de ce témoignage une méditation.

LIVRE II

ENSEIGNEMENT

PRÉLUDE

Être enseigné,

c'est abandonner la pensée, le jugement,

c'est écouter bien au-delà du mot,

ce qui résonne,

ce qui vous rapproche

de la Source que vous êtes.

Enseigner,

ne peut plus être retransmettre

des idées, des concepts,

mais simplement "être".

.../...

Ces quelques pages,

qui auraient pu s'appeler

ouverture, méditation ou tout autrement,

peuvent être utilisées pour certains

comme un exercice.

Il vous suffit de laisser résonner en vous une phrase,

de la lire avec légèreté,

c'est-à-dire sans vous attacher au sens.

Peut-être alors qu'un mot, que sa résonance

vibrera plus particulièrement en vous.

Et dans le silence intérieur,

le mot s'abandonnera,

et dans cette nudité,

s'éveillera le Soi.

Il est essentiel de ne pas rester dans le mensonge,

car alors l'évolution ne peut se poursuivre.

Ne vous trompez pas sur ce que vous êtes.

Vous êtes-vous demandé :

"Si j'étais satisfait par ce que vit l'ego,

je n'aurais plus alors à poursuivre ma recherche.

Qu'est-ce qui me pousse encore, où me conduisent mes pas ?

À comprendre, à soulager, à maîtriser mes insatisfactions,

mais est-ce vraiment la voie ?

Suis-je vraiment cela, un jour la peine, un jour la joie.

À la souffrance y a-t-il une solution durable,

et puis-je la trouver

si j'appuie ma recherche sur ce qui est éphémère ?"

Quand la pensée se tait, la réponse vous arrive,

le silence intérieur vous remplit et vous guide.

Osez vider le vase

de ce plein de vous-même.

Venez boire à la Source

qui libère du désir.

Venez toucher la Joie

qui n'a aucun objet.

Venez vivre l'Amour

qui n'a pas de passion.

Résonnez cette Paix

qui ne vient de nulle part.

Quand vous n'êtes plus

qu'un fluide d'Énergie Divine,

vous n'avez plus conscience

de ce qui est important ou pas.

Dans la fluidité,

l'espace de réflexion ne peut être.

Le corps n'est plus qu'un réceptacle

de Sa Conscience,

de Sa Présence

qui s'offre au monde.

Comment le cœur peut-il écouter,

quand vous ne faites que juger ?

Et toutes ces références,

qui remplissent vos pensées,

comment peuvent-elles aimer ?

Vous décidez toujours

de n'offrir votre amour,

que si ce qui est fait ou si ce qui est dit,

est digne d'être aimé !

L'Amour, Lui, reste présent,

quel que soit le moment.

Il ne sait pas le temps

et Il n'a pas d'humeur.

L'instant est intemporel.

Le passé, le présent, le futur

ne peuvent le déranger.

Il EST

tout simplement.

Tant que vous voulez tout contrôler,

c'est que vous êtes encore attaché

à la peur de perdre, mais perdre quoi...

cet amour éphémère,

cette reconnaissance passagère ?

Un jour, vous souhaiterez poser votre regard

derrière ces plaisirs qui vous font si souvent souffrir.

Ce que vous vivrez alors,

vous permettra peut-être de réaliser

que l'amour ne peut se perdre,

puisque vous n'en êtes pas séparé.

PAR LE SOUFFLE DIVIN

Quand le Divin vient habiter vos sens,

quand le corps respire sa Présence,

quand le mot naît de sa Conscience,

il n'y a plus de personne,

il n'y a plus de recherche d'évolution,

il n'y a plus que le Soi

qui s'offre à ce monde d'illusions.

Et l'être devant cette Beauté,

devant tant de Pureté,

verra son regard transformé.

Le monde ne lui sera plus étranger,

puisqu'il n'en sera plus séparé.

Dans ces moments de paix,

où la pensée se tait,

où le silence est plein,

il n'y a plus de souhait.

Je suis en ta Présence,

abandonnée enfin,

mes yeux se sont fermés

et ne voient plus le monde.

Délivrée du désir,

délivrée du plaisir,

mon cœur s'unit à toi.

Dans ces moments de paix...

La première vraie rencontre

avec vous-même

est peut-être d'accepter

dans vos profondeurs

que vous n'êtes pas

ces émotions que vous vivez,

pusqu'elles ne font que passer.

Alors, pourquoi vous attacher

à ce qui ne dure pas ?

Et si vous recherchiez plutôt

ce qui est permanent,

ce que vous êtes vraiment.

Se mettre en chemin,

c'est déjà

donner moins d'importance

à l'événement, au regard de l'autre,

à tout ce qui est extérieur.

C'est décider

de ne plus se regarder au miroir de l'ego,

de ses références, de ses jugements si changeants.

C'est expérimenter que la souffrance

n'est que le fruit de la pensée.

Mais c'est surtout laisser les yeux du cœur

se regarder dans le miroir de Sa Beauté,

qui n'est que Vacuité.

La réalisation

n'est pas de valoriser l'ego

et toutes ses possessions.

Se réaliser,

c'est abandonner toutes les pensées

qui cherchent à posséder,

pour n'être plus que vacuité.

Et tant que vous ne chercherez pas à atteindre cela,

l'ego vous mentira en vous faisant croire

que vous êtes sur la bonne voie.

Car seule la vacuité

est liberté.

Pourquoi toujours lutter,

vous protéger ou vous défendre ?

N'aspirez-vous pas à vous rencontrer ?

Et si vous demandiez aux pensées de se taire,

ne serait-ce qu'un moment,

pour permettre au silence d'écouter la Conscience.

Ne confondez pas ce que le mental comprend,

ce qu'il peut analyser,

et ce que la Conscience réalise.

Dans le premier cas, les réactions

ne se font que dans le monde de l'apparence,

et c'est la personne et ses compréhensions qui évoluent.

Tandis que dans le second cas,

qui peut avoir des allures trompeuses du premier,

l'être s'est abandonné.

La personne commence à se taire

et la Conscience à s'éveiller.

Combler votre "vide intérieur",

votre souffrance,

en remplissant vos journées

par plus de savoir, plus de rencontres,

plus de réalisations matérielles...

est illusion.

C'est une autre façon de vous

éloigner de la Conscience que vous êtes.

Vous en rapprocher

est une méditation de chaque instant.

C'est vivre chaque acte, chaque geste,

à l'écoute du silence intérieur

qui vibre Sa Présence.

Plus peur du temps,

plus besoin d'explications,

plus de questions,

le mental se tait,

l'espace s'étire,

la paix s'installe,

la joie jaillit,

tout est lumineux,

Tout est Lumineux...

Quand vous travaillez, quand vous méditez

avec la Lumière,

vous ne faites que l'observer.

Et elle ne peut que rester à l'extérieur de vous.

En réalisant que vous êtes la Lumière,

vous La devenez.

Il vous arrive de vivre

des moments que vous croyez

"extra-ordinaires",

où l'instant vous révèle

sa Lumière, sa Beauté, sa Sérénité.

Ne les regardez plus comme extérieurs à vous,

comme s'ils n'étaient pas vous,

ou venant d'autre part.

Sachez les accepter avec humilité,

car ces instants Divins venus se dévoiler,

sont là pour vous aider à vous réaliser.

Le rire est Sagesse.

Quand il résonne juste,

les pensées font silence,

plus rien n'est important.

La tête libérée,

loin des difficultés,

rencontre la conscience

qu'il n'y a plus de souffrance.

La libération des souffrances

passe par la rencontre avec l'Instant.

Le vivre,

c'est abandonner la pensée qui fait naître le temps.

Et dans cette vacuité

s'installe la sérénité.

Se ressourcer :

c'est en conscience

aspirer à recevoir Sa Présence,

Sa Lumière, Sa Beauté.

C'est aller vers l'instant,

pour vivre la vacuité.

Et quand le corps s'allège,

connaît un autre espace,

la Conscience nous traverse.

Tant de simplicité

rapproche de la pureté,

qui vient nous libérer.

Vous vous défendez si souvent

pour préserver votre image ;

pourquoi ne pas simplement être ?

Et si vous alliez au-delà de ce que vous montrez,

loin des défauts, des qualités,

méditer sur ce que vous avez toujours été,

vous quitteriez la lutte qui n'est que densité.

Plus besoin de prouver, plus besoin de tromper.

Dans cette nudité,

cette simplicité,

ébloui de pureté,

votre être s'unira

à la Félicité.

Ne vous attachez plus

aux résultats de vos actions.

Ainsi, vous vous libérerez

de la souffrance de l'attente,

et vous retrouverez la légèreté de l'humilité,

qui ne cherche pas à maîtriser.

La cause profonde de toute souffrance

est l'Unité perdue ;

toute douleur n'en est que le symptôme.

Mais comment retourner à la Source

quand vous n'arrivez plus à La voir,

tant la pensée est attachée

à maîtriser, à posséder, à dominer ?

Quand vous vivez la vacuité,

n'êtes-vous pas libre de vos pensées ?

Si une mémoire revient dans votre présent

vous faire souffrir,

c'est que vous y êtes encore attaché.

Dès que vous êtes troublé

par un souvenir ou un devenir,

vous n'êtes plus à ce que vous vivez,

vous êtes en dehors, séparé.

Vous êtes tellement à vos pensées,

que l'Unité que vous cherchez

ne peut alors se dévoiler.

Comment l'Amour peut-il vivre
quand il est attaché ?
Lui faire une jolie cage
n'est pas le libérer.
Vouloir le posséder,
c'est un peu le tuer.
Il ne vient pas du temps,
et vous l'y ramenez.
Tendez bien votre cœur :
Il va vous raconter
qu'Il est Éternité.

Dès que vous êtes face à un choix,

et que cela devient important,

vous êtes dans une confusion

qui perturbe votre sérénité.

Quand vous n'êtes plus affecté

par vos décisions,

quand vous n'êtes plus attaché

à ce qui peut se passer,

vous êtes alors libre de vos actions.

Quand vous vous sentez agité,
lassé, voire abandonné et
qu'aucune solution ne se présente à vous,
alors il vous arrive de penser à prier.

Mais prier n'est pas que
demander de l'aide,
demander que la souffrance
quitte votre route,
demander qu'un besoin
soit comblé...

Prier, c'est aller vers l'Être
auquel s'adressent nos prières,
c'est offrir nos pensées
et tout abandonner,
pour recevoir Sa Grâce
et la Félicité.

Aimer,

c'est aussi apprendre à écouter,

au-delà de ce que vous dit le mot.

Car c'est derrière cette apparence,

cette illusion, cette ignorance,

que se cache la nudité.

Et quand vous pouvez la regarder,

elle vous offre la vérité.

PAR LE SOUFFLE DIVIN

L'illusion est puissante,

mais près de la nudité

qui ouvre à la pureté,

l'être peut la déjouer.

C'est quand le merveilleux

ressemble à l'Unité,

qu'il ne faut pas tricher.

Au lieu de l'abandon

qui délivre du désir,

l'être retrouve alors

un trop-plein de plaisir.

Et il perd la conscience

que ce plaisir immense

ramène à la souffrance.

C'est parce que l'ego s'identifie au corps

que naît la souffrance.

Comment le corps pourrait-il exister

si la Conscience ne venait l'habiter ?

C'est Elle qui lui donne vie,

comme c'est Elle qui donne vie à toute chose.

Quand vous dormez de ce sommeil profond,

le corps respire, mais à cet instant, le sait-il ?

Et quand vous vous réveillez,

la Conscience

– qui n'a pas de mémoire car Elle est liberté –

observe le mental qui lâche les pensées.

Ces dernières remplissent l'espace,

ne laissant plus place à la vacuité.

Si la pensée cherche à posséder,

la vacuité laisse libre la pensée.

Comme il est doux

de regarder

et n'être qu'à cela.

Plus de pensées,

plus de désirs,

plus de tracas,

être juste

cet instant là.

Quand c'est le mental, le jugement, qui regarde,

il décide de ce qui est bien ou ne l'est pas.

Quand la Conscience,

qui est Connaissance,

est venue vous éclairer,

vous découvrez que vous n'êtes plus séparé.

Vous ne savez plus… mais vous vivez,

car le discernement vous est donné

que l'autre rencontre les mêmes souffrances.

Alors votre cœur commence

à ne plus faire de différences,

et c'est ainsi qu'il vous est dévoilé

la vision de l'Amour et toute sa Beauté.

Quand c'est la Conscience, l'Amour qui regarde,

tout en est le reflet.

Vivre le passage

de l'ego à l'être,

du savoir à la connaissance,

c'est réaliser

que vous n'êtes pas séparé.

Et plus grandit cette conscience,

plus vous vivez l'Unité.

Renaître,

c'est ne pas avoir

réalisé le Soi.

En Lui,

Tout Est,

rien ne naît.

Éditions *A.L.T.E.S.S.*

'Art, Littérature, Témoignages, Éveil, Santé, Spiritualité.'

'Espace Harmonie', 4 rue des Petits Hôtels, 75010 PARIS

Tél. 01.64.40.35.89 – Fax 01.64.40.27.57

Nouveautés et parutions récentes :

• **Messages de Marie, la Mère Divine, pour l'ère nouvelle**, par Iléah, "channel" de Marie depuis 1996. 129 F.

• **Victoire de Mikhaël sur les deux armées de l'Ombre**, d'Olivier de Rouvroy. *À l'aube de l'ère du Verseau, l'ultime phase du grand combat entre les forces du Bien et du Mal, et la victoire annoncée de l'Archange Mikhaël.* 129 F.

• **Écoute intérieure et beauté du visage**, de Jacqueline Dupuy-Couturier, esthéticienne de renom international. *Comment découvrir la vraie beauté de son visage.* 109 F.

• **Ce corps – Paroles de Jésus et de Mâ Anandamayi**, recueil d'aphorismes traduits et réunis par Frances Delbecq et Thierry Cazals. 75 F.

• **La Clé de l'Illumination immédiate**, de Maître Suprême Ching Hai, avec un cahier central de 8 pages de photos-couleurs. 119 F.

• **À Cœur ouvert – comment dépasser chagrins et souffrances**, d'Hélène Sayen. *Un remarquable ouvrage pour tous ceux et celles qui, enlisés dans la souffrance profonde, cherchent comment accéder à la vraie Joie.* 109 F.

• **Parole d'Initiés du Présent** (Tome 2). Entretiens d'Élaine Kibaro avec Rika Zaraï, Lise Bourbeau, Paule Salomon, Maud Séjournant, Pascale Lafargue, Roseline Ruther, Jacqueline Bousquet, Daniel Kieffer, le Dr. J-Luc Ayoun et G. Ayoun, Priscilla Bélair, Yvon Bailly, Pénélope Dubois, Igor Galan, Marc-Louis Questin et Marie Élia. 119 F.

• **L'Envol vers la Lumière – l'accompagnement à la maison des malades en phase terminale**, de Petia Prime. *Lors de la métamorphose qui suit la mort physique, comme le papillon qui émerge de la chrysalide, il nous est possible de traverser le "pont", cet arc-en-ciel qui relie le monde de la matière au monde de l'Esprit.* Illustrations-couleurs et noir et blanc. 119 F.

• **Kaléidoscope cosmique**, de Petia Prime. *Un magnifique ouvrage et un précieux outil de travail sur soi par les couleurs.* Trilingue (anglais, français, allemand), tout en couleurs. 179 F. Du même auteur : **32 Images de guérison inspirées des énergies angéliques**, cartes grand format, en couleurs, texte trilingue. 219 F.

• **La Technologie du sacré**, de Reinhold Ritter et Petia Prime. *Étude approfondie sur le symbolisme de l'art sacré et des hauts-lieux spirituels, avec de nombreux exercices pratiques de développement de la conscience.* Illustrations en noir et blanc. 129 F.

• **Omraam Mikhaël Aïvanhov ou le chemin de Lumière**, de Louise-Marie Frenette. *Biographie très documentée et inspirante d'un maître remarquable.* Nombreuses illustrations. 139 F.

Achevé d'imprimer
en février 2000
sur les Presses de
l'Imprimerie Graphique de l'Ouest
85170 Le Poiré-sur-Vie
pour le compte des
Éditions A.L.T.E.S.S.
'Espace Harmonie'
4 rue des Petits Hôtels
75010 Paris (France)

N° d'impression : 1740
Dépôt légal : mars 2000

Imprimé en France